파이썬 병렬 프로그래밍

파이썬 병렬 프로그래밍

threading, multiprocessing,
PP, Celery, asyncio 모듈 이해와 활용

얀 팔라흐 지음 | 이문호 옮김

[PACKT]
PUBLISHING 에이콘

사랑하는 카를로스 파리아스 우로 데 카르발호 네토를 추모하며 이 책을 바칩니다.

– 얀 팔라흐

지은이 소개

얀 팔라흐 Jan Palach

경력 13년 차의 소프트웨어 개발자다. C++, 자바, 파이썬 기술을 사용해 민간 회사를 위한 과학 시각화와 백엔드단을 개발해왔다. 브라질의 리우데자네이루Rio de Janeiro에 있는 에스따씨오 데 사Estácio de Sá 대학교에서 정보 시스템 학위, 파라나 주 연방 기술Paraná State Federal Technological 대학교에서 석사 학위를 받았다. 현재는 C++ 시스템을 구현하는 통신 부문에 속한 민간 기업에서 수석 시스템 분석가로 근무하고 있다. 기술적으로 열광하는 파이썬과 얼랭으로 재미있게 실험하기를 좋아한다. 단지 호기심으로 새로운 기술에 도전해 공부하고, 낯선 사람을 만나고, 다른 문화에 대해 배우기를 좋아한다.

감사의 글

내 인생에서 일어나는 수많은 일 중에서 특히 촉박한 마감일에 쫓기면서 책을 쓴다는 게 얼마나 어려운 일인지 몰랐다. 일상 생활인 가족을 보살피는 일과 가라데 수업, 일, 디아블로3 등에 집필 작업까지 끼워야 했었는데, 그중에서도 이번 집필 작업은 쉽지 않았다. 그래도 경험을 토대로 가장 중요한 부분에 초점을 맞추면서 심사숙고해 독자에게 도움이 될 좋은 내용만을 담았다.

이 책을 꼭 받아야 하는 분들께 감사를 드려야 하는데 너무나 많다. 그래서 계속 연락하고 작업을 하면서 직간접적으로 도와주신 몇몇 분에게 고맙다는 말씀을 드리고 싶다.

내 아내인 아니씨엘리 발레스카 데 미란다 프르틸레는 사랑을 공유하고 삶의 끝까지 칫솔을 함께 모으기로 선택했던 여인이자 이 책을 집필할 시간을 충분히 가지도록 해주고, 완성하지 못할 수 있다고 생각했을 때 포기하지 않도록 해준 사람이다. 나의 가족은 성장 과정에서 나에게 항상 중요했으며 좋은 길로 인도해줬다.

내 롤 모델인 가장 친한 친구 판시아네 케트린 웬츠에게 감사를 드린다. 무술로 나를 안내하고, 살아가는 동안 수행해야 할 가치를 가르쳐줬다. 이 책의 표지를 제공해준 친애하는 벗인 리스 마리에 마르티니는 굉장한 사진 작가며 동물 애호가다.

나의 예전 영어 선생님이자 편집자 겸 교정자며 책을 쓰는 동안에 도와주신 마리나 멜로에게 큰 감사를 드린다. 기술 감수자이자 친밀한 벗이고, 나의 전문성 향상에 많은 기여를 했으며 아직까지도 신경을 써주는 빅터 마찌니와 브루노 토레스에게 감사하다는 말을 전한다.

기술에 관해 자주 이야기했던 로드리고 카실하스, 브루노 벰피카, 로드리고 델두카, 루이즈 시구노브, 브루노 아메이다 산토스, 파울로 테스치(코루지토), 루시아노 팔마, 펠리페 크루즈를 비롯한 모든 분들에게 특별히 감사를 드린다. 특히 투르마에게 고마움을 표한다.

프로그래밍을 즐거운 작업으로 바꿔준 파이썬 개발자 귀도 반 로썸에게 큰 감사를 드리며, 더 많은 사람들이 파이션을 활용할 수 있기를 바란다.

기술 감수자 소개

사이러스 다사디아^{Cyrus Dasadia}

AOL과 인모비 회사에서 리눅스 시스템 관리자로 10년 이상 근무했다. 현재 전부 파이썬으로 만든 오픈소스 변경 관리 서비스 시토엔진^{CitoEngine}을 개발하고 있다.

웨이 디^{Web Di}

이베이 연구실의 과학자로, 고급 컴퓨터 비전, 데이터 마이닝, 대용량 전자상거래 애플리케이션을 위한 정보 검색에 집중하고 있다. 관심사는 대용량 데이터 마이닝, 판매 기반 기계학습, 전자상거래를 위한 데이터 품질, 검색 상관도와 랭킹, 추천 시스템을 망라한다. 몇 년간 패턴인식과 영상처리 분야에서 연구한 경험이 있다. 퍼듀 대학교에서 데이터 마이닝과 영상 분류에 주력한 끝에 2011년도에 박사 학위를 받았다.

마이클 갈로이^{Michael Galloy}

IDL과 파이썬을 이용한 과학적 시각화와 관련된 테크-엑스에서 연구 수학자로 근무 중이다. 지난 5년간은 리서치 시스템(현재 엑셀리스 비주얼 인포메이션 솔루션즈)에서 IDL 프로그래밍의 모든 레벨을 강의하고 컨설팅했다. 『Modern IDL』(modrnidl.idldev.com)의 저자며, IDLdoc, mgunit, dist_tools, cmdline_tools을 포함한 여러 오픈소스 프로젝트의 기획자 겸 관리자다. 웹사이트(michaelgalloy.com)에 IDL, 과학적 시각화와 고성능 컴퓨팅에 관한 수백 개의 글을 기고했다. 나사에서 위임한, IDL과 결합한 DAP를 위해 IDL을 이용한 원격 데이터 탐사와 최신 그래픽 카드를 이용해 곡선 맞춤을 가속화하기 위한 고속 모델 맞춤 도구 모음집의 주요 책임자기도 하다.

루도빅 가스크 ^{Ludovic Gasc}

유럽의 매우 유명한 오픈소스 VoIP와 통합 통신 회사인 이예페에서 근무하는 선임 소프트웨어 통합 엔지니어다. 최근 5년간 통신사를 위해 파이썬(트위스티드^{twisted}, 현재는 asyncio)과 래빗엠큐^{RabbitMQ}에 기반을 둔 이중화 분산 시스템을 개발했다.

여러 파이썬 라이브러리의 기여자며, 더 많은 정보와 세부 사항은 https://github.com/GMLudo을 참고하길 바란다.

카므란 후세인 ^{Kamran Husain}

약 25년간 컴퓨팅 산업에 종사했으며, 통신사와 석유 산업을 위한 소프트웨어를 프로그래밍하고 설계하고 개발한다. 자유 시간에는 취미로 만화 그리기를 좋아한다.

브루노 토레스 ^{Bruno Torres}

10년 이상의 경력이 있으며, 다수 분야의 다양한 컴퓨팅 문제를 해결하고, 클라이언트단과 서버단 애플리케이션에 손대기도 한다. 브라질의 리우데자네이루에 있는 플루미넨시 연방 대학교에서 컴퓨터 과학 학위를 받았다.

데이터 처리, 전기통신시스템뿐만 아니라 앱과 미디어 스트리밍을 개발했다. 자바와 C++ 기반 데이터 처리 시스템부터 시작해 전기통신 산업의 확장성 문제를 해결하고, 모바일 디바이스와 지원 시스템을 개발하기 위해 루아^{Lua}를 이용해 대규모 애플리케이션을 커스터마이징해 단순화하면서 다양한 기술을 개발했다.

현재 대규모 미디어 회사에 근무하며, 데스크탑 브라우저와 모바일 디바이스 모두 인터넷을 통해 비디오를 전송하는 몇 가지 솔루션을 개발 중이다.

다른 기술과 언어를 배우려는 열정이 있으며, 사람과 만나고, 컴퓨팅 문제 해결에 도전하는 것을 좋아한다.

옮긴이 소개

이문호(best.conv2@gmail.com)

관심 분야는 정보 검색이며, 매일 4시간 이상 걸리는 출퇴근 시간에 다방면의 원서를 읽는 쏠쏠한 즐거움에 빠져 사는 아날로그 세대다. 영상처리를 전공으로 석사를 마쳤고, 현재 문헌정보학 박사 과정에 있으며, 컴퓨터 비전 기반 지능형 솔루션 개발에 전념하고 있다. 오픈소스 자바 검색 엔진인 루씬Lucene에 관한 첫 국내서인 『루씬 인 액션』(에이콘출판사, 2005)을 공역했으며, 오픈소스 영상처리 라이브러리를 다룬 오픈소스 라이브러리 실무 시리즈 도서를 펴낸 저자로도 잘 알려져 있다. 『MATLAB을 활용한 실용 디지털 영상처리』(홍릉과학출판사, 2005), 『오픈소스 OpenCV를 이용한 컴퓨터 비전 실무 프로그래밍』(홍릉과학출판사, 2007) 등 7권의 책을 저술했으며, 번역서로는 에이콘출판사에서 출간한 『OpenCV 2 Computer Vision Application Programming Cookbook 한국어판』(2012), 『EmguCV와 테서렉트 OCR로 하는 컴퓨터 비전 프로그래밍』(2014), 『OpenCV 프로그래밍』(2015), 『(개정판) OpenCV를 활용한 컴퓨터 비전 프로그래밍』(2015), 『matplotlib을 이용한 데이터 시각화 프로그래밍』(2015), 『OpenCV 컴퓨터 비전 프로젝트』(2016), 『C# 멀티스레드 프로그래밍』(2016), 『안드로이드 비동기 프로그래밍』(2016), 『매트랩 영상처리 프로그래밍』(2016)이 있다.

옮긴이의 말

파이썬은 C/C+에 비해 상대적으로 쉽고 빠르게 개발할 수 있는 좋은 프로그래밍 언어다. 그 비결은 무엇일까? 바로 모듈 형태로 제공되는 수많은 기능을 찾아 쓰기만 하면 되는 라이브러리가 풍부해 강력하면서도 효율적으로 사용할 수 있다는 장점 때문이다. 하지만 이제 막 파이썬에 입문한 독자에게 이 책에서 다룰 병렬 프로그래밍은 더 막막할 수 있다. 그럴 수밖에 없는 이유는 병렬화와 관련된 이해가 필요한 데다가 파이썬의 병렬 프로그래밍과 관련된 많은 모듈을 어떤 경우에 쓰고 어떻게 활용하는지 쉽게 감이 오지 않기 때문이다. API 문서와 예제 코드를 참고하면 되겠지만, 수많은 시행착오를 겪지 않는 이상 병렬 프로그래밍에 대한 자신감에 한계가 있을 것이다. 경험이 풍부한 개발자도 예외일 수 없다. 저자는 이런 현실을 고려해 모든 파이썬 개발자가 병렬 프로그래밍에 대한 이해와 자신감을 갖추게 하되, 어떤 모듈을 사용해야 하는지에 대한 지침을 제공하고자 이 책을 집필했다.

이 책은 효율적인 병렬 프로그래밍을 위한 내장 모듈과 외장 모듈 중에서 스레드 기반 threading 모듈과 프로세스 기반 multiprocessing 모듈, 병렬 태스크를 수행하는 패러렐 파이썬과 분산 처리를 위한 셀러리, 비동기 I/O를 지원하는 asyncio 모듈을 선정한 후, 처음부터 병렬 프로그래밍 모델 개념과 병렬화 문제점을 확인해 병렬 알고리즘 설계에 따른 모듈 선정 방법을 알려준다. 그런 다음에 실생활에서 접할 수 있는 사례인 피보나치 수열 구하기와 웹 수집기를 구현하는 과정에서 각 병렬 모듈에 대한 이론과 사용법을 제시한다.

이 책을 마칠 때쯤이면 자신만의 병렬 프로그램을 구현할 때 적재적시에 해당 모듈을 선택할 수 있는 자신감이 생길 것이다. 이 책이 독자에게 많은 도움을 주는 안내서로 자리매김하길 바란다. 덧붙여 이 책의 내용을 바탕으로 파이썬 병렬 프로그래밍을 전문적으로 다루되 예제가 풍부한 책을 보길 원한다면 GPU 프로그래밍 방법까지 설명한 지안카를로 자코네^{giancarlo zaccone}의 『Python Parallel Programming Cookbook』(팩트출판사, 2015)을 권한다.

이 책을 번역할 기회를 주신 권성준 사장님과 황영주 상무님, 출간할 수 있게 여러모로 챙겨주신 담당 편집자 나수지 님과 그외 에이콘출판사 직원 여러분께 감사의 말씀을 드린다.

이문호

차례

들어가며

팩트출판사 전문 기획자에게 파이썬을 이용한 병렬 프로그래밍에 관한 책을 써달라는 연락을 받았다. 책을 쓰겠다는 생각이 전혀 없었고, 갑작스러웠기에 어떻게 할지 막막하기만 했다. 책을 구상하는 것이 얼마나 복잡한 일인지, 작업 일정을 지금 하는 일에 어떻게 맞춰야 할지 감조차 오지 않았다. 하지만 며칠 동안 고민하다가 결국 미션을 받아들였는데, 개인적으로 많이 배울 수 있고, 전 세계 독자에게 파이썬 지식을 전파할 수 있는 완벽한 기회며, 내 인생의 여정에 가치 있는 유산으로 남았으면 하는 바람이 있었기 때문이다.

이번 작업의 첫 단계는 주제 결정이었다. 모든 독자를 쉽게 만족시킬 수 없겠지만, 이론과 실무를 조합한 파이썬 병렬 프로그래밍을 소개한 이 작은 책에 제안했던 주제를 골고루 안배했다고 자신한다. 이번 작업은 모험이었다. 첫 장에서 정의한 예제를 풀 수 있는 방법을 보여준 후, 책의 분량을 감안해 제공한 도구를 사용해 해결하는 새로운 포맷을 사용했다. 독자가 파이썬이 제공하는 여러 가지 모듈을 분석하고 질문을 할 수 있게 해주는 매우 흥미로운 포맷이라고 생각한다.

모든 장에 약간의 이론을 넣어 사례를 따라갈 수 있도록 몇 가지 기본 지식을 제공하는 맥락으로 구성했다. 파이썬 병렬 프로그래밍 세계로 모험을 시작할 때 도움이 되기를 진심으로 바란다. 그만큼 완벽하게 집필하려고 노력했다.

이 책에서 다루는 내용

1장, 병렬, 동시성, 분산 프로그래밍 문맥 설명 병렬 프로그래밍 모델의 개념, 장단점과 구현을 다룬다. 또한 병렬 솔루션을 구현하기 위한 몇몇 파이썬 라이브러리를 제시한다.

2장, 병렬 알고리즘 설계 병렬 알고리즘을 설계하기 위한 몇 가지 기술에 관해 논의한다.

3장, 병렬화 문제 확인 몇몇 문제를 예시로 소개한 후, 이 문제를 병렬 조각으로 나눌 수 있는지 분석한다.

4장, threading과 concurrent.futures 모듈 사용 3장에서 제시한 각 문제를 threading과 concurrent.futures 모듈을 사용해 구현하는 방법을 설명한다.

5장, multiprocessing과 ProcessPoolExecutor 모듈 사용 3장에서 제시한 각 문제를 multiprocessing과 ProcessPoolExecutor 모듈을 사용해 구현하는 방법을 설명한다.

6장, 패러렐 파이썬 활용 3장에서 제시한 각 문제를 패러렐 파이썬 모듈을 사용해 구현하는 방법을 제시한다.

7장, 셀러리를 이용한 태스크 분산 3장에서 제시한 각 문제를 셀러리 분산 태스크 큐를 사용해 구현하는 방법을 제시한다.

8장, 비동기 프로그래밍 asyncio 모듈을 사용하는 방법과 비동기 프로그래밍에 관한 방법을 설명한다.

준비 사항

파이썬 지침서를 포함하지 않으므로 파이썬 프로그래밍에 대한 사전지식이 필요하다. 이 책은 소프트웨어 개발의 범주에서 시작하는 개발자를 위해 설계됐기 때문에 동시성과 병렬 프로그래밍 지식이 있다면 환영한다. 소프트웨어에 관해서는 다음과 같이 구비해야 한다.

- 파이썬 3.3과 파이썬 3.4는 8장, '비동기 프로그래밍'에서 필요하다.
- 독자가 선택한 코드 편집기가 필요하다.
- 패러렐 파이썬 모듈 1.6.4를 설치해야 한다.
- 셀러리 프레임워크 3.1은 5장, 'multiprocessing과 ProcessPool Executor 모듈 사용'에서 필요하다.
- 독자가 선택한 운영체제가 필요하다.

이 책의 대상 독자

이 책은 파이썬을 이용한 병렬 프로그래밍에 관해 간결하게 다룬다. 입문자와 중급 파이썬 개발자를 위한 도구를 제공한다. 파이썬을 이용한 병렬/동시성 소프트웨어 개발의 일반적인 개요를 얻으려는 개발자를 대상으로 한다. 이 책의 마지막 장에서 제공한 정보로 도구상자를 확장할 수 있다.

편집 규약

이 책에서는 다른 정보들을 구분하기 위해서 여러 텍스트 스타일을 제공한다. 다양한 스타일과 그 의미에 대해서 여러 예를 설명한다.

텍스트 내 코드는 다음과 같이 표시한다.

"`multiprocessing.Pipe` 객체 사용을 예로 들기 위해 두 프로세스인 A와 B를 생성하는 파이썬 프로그램을 구현한다."

코드 블록을 다음과 같이 표기한다.

```
def producer_task(conn):
    value = random.randint(1, 10)
    conn.send(value)
    print('Value [%d] sent by PID [%d]' % (value, os.getpid()))
    conn.close()
```

명령행 입력이나 결과는 다음과 같이 표기한다.

```
$celery -A tasks -Q sqrt_queue,fibo_queue,webcrawler_queue worker
--loglevel=info
```

 경고나 중요한 내용은 상자 안에 이렇게 표시한다.

 팁과 트릭은 이렇게 표시한다.

독자 의견

독자의 의견은 언제나 환영이다. 이 책에 대한 생각, 좋은 점과 나쁜 점을 알려주기 바란다. 더 유익한 책을 만들기 위해 독자의 의견은 필수적이다.

일반적인 의견은 이 책의 제목을 메일 제목으로 해서 feedback@packtpub.com으로 보내면 된다.

자신이 특정 분야의 책을 쓰거나 기여하는 데 관심이 있다면 www.packtpub.com/authors에 있는 저자 가이드를 참조하기 바란다.

고객 지원

팩트출판사의 구매자가 된 독자에게 도움이 되는 몇 가지를 제공하고자 한다.

예제 코드 다운로드

이 책의 예제 코드는 http://www.packtpub.com의 계정을 통해 다운로드할 수 있다. 다른 곳에서 구매한 경우에는 http://www.packtpub.com/support를 방문해 등록하면 파일을 이메일로 직접 받을 수 있다. 에이콘 출판사의 도서정보 페이지인 http://www.acornpub.co.kr/book/parallel-python에서도 예제 코드를 다운로드할 수 있다.

오탈자

내용을 정확하게 전달하기 위해 최선을 다했지만, 실수가 있을 수 있다. 팩트출판사의 책에서 코드나 텍스트상의 문제를 발견해서 알려준다면 매우 감사하게 생각할 것이다. 그런 참여를 통해 다른 독자에게 도움을 주고, 다음 버전에서 책을 더 완성도 있게 만들 수 있다. 오자를 발견한다면 http://www.packtpub.com/support를 방문해 이 책을 선택하고, 정오표 제출 양식을 통해 오류 정보를 알려주기 바란다. 보내준 내용이 확인되면 웹사이트에 그 내용이 올라가거나, 해당 서적의 정오표 섹션에 그 내용이 추가될 것이다. http://www.packtpub.com/support에서 해당 타이틀을 선택하면 지금까지의 정오표를 확인할 수 있다. 한국어판은 에이콘출판사 도서정보 페이지 http://www.acornpub.co.kr/book/parallel-python에서 찾아볼 수 있다.

저작권 침해

인터넷에서의 저작권 침해는 모든 매체에서 벌어지고 있는 심각한 문제다. 팩트출판사에서는 저작권과 라이선스 문제를 아주 심각하게 인식하고 있다. 어떤 형태로든 팩트출판사 서적의 불법 복제물을 인터넷에서 발견했다면 적절한 조치를 취할 수 있게 해당 주소나 사이트명을 즉시 알려주길 부탁한다.

의심되는 불법 복제물의 링크를 copyright@packtpub.com으로 보내주기 바란다.

저자와 더 좋은 책을 위한 팩트출판사의 노력을 배려하는 마음에 깊은 감사의 뜻을 전한다.

질문

이 책에 관련된 질문이 있다면 questions@packtpub.com을 통해 문의하기 바란다. 최선을 다해 질문에 답해 드리겠다. 한국어판에 관한 질문은 이 책의 옮긴이나 에이콘 출판사 편집 팀(editor@acornpub.co.kr)으로 문의해주길 바란다.

1

병렬, 동시성,
분산 프로그래밍 문맥 설명

병렬 프로그래밍은 코드 명령어를 동시에 실행하기 위해 준비된 환경에 부합하는 프로그램을 만드는 것이 목표인 모델로 정의할 수 있다. 소프트웨어 개발에 병렬 기술을 사용하기 시작한 지가 그리 길지 않다. 몇 년 전만 해도 단일 산술 논리 장치Arithmetic Logic Unit, ALU 와 다른 구성요소를 함께 갖춘 프로세서는 시공간에서 한 번에 한 명령어만 실행할 수 있었다. 수년간 프로세서가 주어진 시간 간격에서 처리할 수 있는 명령어 개수를 결정하기 위해 Hz헤르츠로 측정된 클럭만 고려했다. 클럭 수가 많을수록 더 많은 명령어를 실행할 수 있으며, KHz(초당 1천 번 연산), MHz(초당 100만 번 연산), 지금의 GHz(초당 1억 번 연산)와 관련이 있다. 요약하면 프로세서에 주어진 사이클당 명령어가 더 많을수록 실행 시 더 빠르다.

1980년대에 접어들면서 혁명적인 프로세서인 인텔 80386이 활기를 띠었으며, 선점 방식에 기반을 둔 태스크 실행을 허용한다. 즉 프로그램 실행을 주기적으로 가로챈 후, 다른 프로그램에게 프로세서 시간을 할당하는 것이 가능했다. 이것은 시분할time-slicing에 기반을 둔 의사병렬pseudo-parallelism임을 의미한다.

1980년대 후반에 인텔 486이 등장했으며, 실제로 실행 단계를 별개인 하위 단계로 나누는 파이프라이닝 시스템pipelining system이 구현됐다. 실질적인 면에서는 프로세서 사이클에서 다른 명령어를 동시에 각 단계에 전달할 수 있었다.

앞 절에 언급한 모든 발전이 여러 가지 성능을 개선한 결과였지만 충분하지 않았는데, 소위 무어의 법칙Moore's law(http://www.mooreslaw.org/)으로 귀착되는 민감한 문제에 직면했기 때문이다.

클럭을 높게 올리려는 도전은 물리적인 한계에 부딪치면서 결국 끝났다. 프로세서는 전력을 더 많이 소모함에 따라 열이 더 많이 발생한다. 게다가 중요한 문제는 따로 있었다. 휴대용 컴퓨터 시장이 90년대에 폭발적으로 커지면서 플러그를 뺀 채 충분히 오래가는 장비 중 하나인 배터리를 만들 수 있는 프로세서를 갖추는 것이 아주 중요했다. 서로 다른 제조 업체가 서버와 메인 프레임과 관련한 여러 기술과 프로세서 계열을 선보였다. 인텔®은 비록 물리적인 단일 칩이었을지라도 프로세서를 적어도 하나 이상이 있는 것처럼 보이도록 해 운영체제를 속일 수 있는 코어® 계열 제품으로 주목을 받았다.

코어® 계열의 프로세서는 상당한 내부 변화와 코어core라고 부르는 주요 구성 요소를 갖췄으며, 자체 ALU와 L2, L3 캐시, 명령을 실행하는 다른 요소를 가지고 있다. 논리 프로세서logical processor로 알려진 이 코어는 동일한 프로그램의 다른 부분을 병렬로 실행하거나 서로 다른 프로그램을 동시에 실행하게 해준다. 이 코어는 이전 코어보다 더 뛰어난 전력 처리를 더 낮은 전력을 사용해할 수 있다. 코어가 병렬로 작동하기 때문에 독립적인 프로세서를 시뮬레이션하며, 멀티코어 칩과 하위 클럭inferior clock을 가질 수 있다. 따라서 상위 클럭이 있는 단일 코어 칩과 비교했을 때 태스크에 따라 더 우수한 성능을 보인다.

그만큼 혁명적이다. 물론 소프트웨어 설계하는 방식도 바꿔 버렸다. 이제부터는 자원 낭비 없이 합리적으로 자원을 사용하도록 만드는 시스템 설계를 위한 병렬을 생각해야 한다. 그래야만 사용자에게 더 나은 경험과 개인 컴퓨터뿐만 아니라 처리 센터에서의 전력 절약을 제공한다. 게다가 병렬 프로그래밍은 점점 개발자 일상에도 영향을 미치고 있다. 이로써 분명한 사실은 결코 되돌아갈 수 없다는 것이다.

1장에서는 다음과 같은 주제를 다룬다.

- 병렬 프로그래밍을 왜 사용하는가
- 일반적인 병렬화 형태 소개
- 병렬 프로그래밍에서의 통신
- 병렬 프로그래밍 문제점 확인
- 파이썬 프로그래밍 도구 찾기
- 파이썬 글로벌 인터프리터 락Global Interpreter Lock, GIL에 관한 주의 사항

병렬 프로그래밍을 왜 사용하는가

컴퓨팅 시스템이 진화한 이후로 특정 프로그램의 독립적인 부분을 다른 부분과 병렬로 실행하는 것을 허용하는 메커니즘을 제공하기 시작했다. 따라서 응답과 일반적인 성능을 개선해나가고 있다. 게다가 많은 프로세서와 풍부한 코어를 갖춘 머신을 쉽게 확인할 수 있다. 자, 이 아키텍처의 이점을 활용하지 않을 이유가 있는가?

병렬 프로그래밍은 스마트폰과 태블릿을 포함해 연구 센터의 과중한 업무 컴퓨팅을 비롯한 시스템 개발의 모든 문맥에서 현실적이다. 병렬 프로그래밍의 확실한 원칙은 개발자가 애플리케이션의 성능 최적화를 가능케 하자는 것에 있다. 결과로는 사용자 경험뿐만 아니라 컴퓨팅 자원 소모를 개선하므로 결국

에는 복잡한 태스크를 완수하는 처리 시간을 더 줄인다.

병렬 처리의 예로 애플리케이션이 있는 시나리오를 그려보자. 다른 태스크 중에서 상당한 크기인 데이터베이스로부터 정보를 선택한다. 또한 애플리케이션이 태스크를 논리적 순서에 따라 반드시 차례대로 실행하므로 순차적임을 고려하자. 사용자가 데이터를 요청하면 데이터 반환이 끝날 때까지 시스템의 나머지는 정지된다. 하지만 병렬 프로그래밍을 이용하면 애플리케이션의 다른 기능을 정지할 필요 없이 데이터베이스에서 정보를 찾는 새로운 작업자worker를 생성할 수 있다. 따라서 활용률을 높인다.

일반적인 병렬화

병렬 시스템의 주요 형태를 정의 내릴 때 약간 혼란스러울 수 있다. 병렬과 동시성 시스템concurrency system을 같은 의미인 듯 인용한 사례가 흔하다. 그렇지만 둘은 약간 차이가 있다.

동시성 프로그래밍 내부에서 프로그램이 여러 작업자에게 할당한 후, 이 작업자들이 태스크를 실행하기 위해 CPU를 사용하려고 서로 경쟁하는 시나리오가 있다. 경쟁이 발생하는 단계에서는 특정 시점에 자원을 사용하기에 적합한 작업자를 정의하는 기능을 갖춘 CPU 스케줄러가 제어한다. 대부분의 경우에서는 CPU 스케줄러가 프로세스를 훑는 태스크를 순식간에 실행하기 때문에 의사병렬pseudo-parallelism을 느낄 수도 있다. 그런 이유로 동시성 프로그래밍은 병렬 프로그래밍의 추상화다.

 동시성 시스템은 태스크를 실행하기 위해 동일한 CPU를 두고 경쟁한다.

다음 그림은 동시성 프로그램 구조를 보여준다.

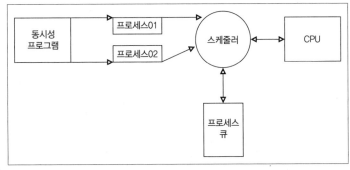

동시성 프로그래밍 구조

작업자들이 CPU에 동시 접근할 필요가 없는 멀티코어 환경에서는 프로그램 데이터가 작업자를 생성해 특정 태스크를 동시에 실행하는 방식으로 병렬 프로그래밍을 정의할 수 있다.

 병렬 시스템은 태스크를 동시에 실행한다.

다음 그림은 병렬 시스템의 개념을 보여준다.

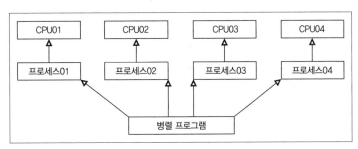

병렬 프로그래밍 구조

분산 프로그래밍^{distributed programming}은 물리적으로 분리한 컴퓨팅의 머신(노드) 간 메시지를 통해 데이터를 교환함으로써 처리를 공유하는 가능성에 목표를 둔다.

분산 프로그래밍은 다음과 같은 이유로 점점 더 인기를 얻고 있다.

- 무정지^{fault-toerance}: 시스템이 분산되어 있으므로 네트워크에 있는 다른 머신에 처리를 분산할 수 있다. 따라서 전체 시스템 기능에 영향을 주지 않은 채 특정 머신을 개별적으로 유지관리할 수 있다.

- 수평적 확장^{horizontal scalablity}: 일반적으로 분산 시스템의 처리 용량을 늘릴 수 있다. 실행 중인 애플리케이션을 중지할 필요 없이 새 장비를 연결할 수 있다. 수직적 확장^{vertical scalability}과 비교했을 때 더 저렴하고 훨씬 간단하다.

- 클라우드 컴퓨팅^{cloud computing}: 하드웨어 비용 감소와 더불어 협력 방식으로 동작하는 거대한 머신 공간을 얻을 수 있고, 사용자를 위해 투명한 방식으로 프로그램을 실행할 수 있는 이런 종류의 사업 성장에 필요하다.

 분산 시스템은 물리적으로 분리된 노드 내부에서 태스크를 실행한다.

다음 그림은 분산 시스템 체계를 보여준다.

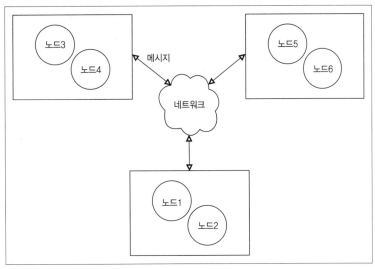

분산 프로그래밍 체계

병렬 프로그래밍에서의 통신

병렬 프로그래밍에서 태스크를 수행하기 위해 전송되는 작업자는 문제를 다룰 때 협력할 수 있도록 통신을 자주 구축해야 한다. 대부분의 경우에는 작업자 사이에 데이터를 교환하는 방식으로 통신을 구축할 수 있다. 병렬 프로그래밍과 관련해 더 널리 알려진 두 가지 통신 형식은 공유 상태shared state와 메시지 전달message passing이 있다. 다음 절에서 이들에 대해 간략히 설명한다.

공유 상태 이해

가장 잘 알려진 작업자 간의 통신 중 하나는 공유 상태다. 공유 상태는 사용하기 편리해 보이지만 많은 위험이 있다. 프로세스 중 하나가 자원을 공유하는 유효하지 않은 작업을 하면 모든 다른 프로세스에 영향을 끼칠 수 있기 때문에 나쁜 결과를 낳는다. 또한 분명한 이유로 여러 시스템 사이의 프로그램 분산을 불가능하게 만든다.

이를 설명하기 위해 실제 사례를 이용한다. 당신이 특정 은행 고객이고 은행에는 은행원 한 명이 있다고 가정하자. 은행에 가서 줄을 선 후 차례를 기다려야 한다. 일단 줄을 섰다면 한 번에 오직 한 고객만이 은행원과 만날 수 있다. 은행원이 어쩌다가 착오를 일으키지 않는 이상은 두 고객을 동시에 받는 것이 불가능하다. 컴퓨팅은 제어할 수 있는 방법으로 데이터에 접근한다는 의미며, 뮤텍스^{mutex} 같은 여러 기술이 있다.

뮤텍스는 데이터 접근을 위한 활용 수준을 나타내는 특수한 프로세스 값으로 이해할 수 있다. 즉 실제 사례에서는 고객은 번호를 들고 있다. 특정 시점에서 번호가 깜박거리며, 은행원은 이 고객을 전담해 대응한다. 처리가 끝난 후에는 다음 고객을 위해 해당 고객을 내보낸다.

 실행 중인 프로그램에서 데이터가 상수 값인 변수를 갖는 경우, 데이터를 읽기 용도로만 공유한다. 따라서 무결성 문제(integrity problems)가 나타나지 않기 때문에 접근 제어가 필요 없다.

메시지 전달 이해

공유 상태로 인해 발생하는 데이터 접근 제어와 동기화 문제를 피할 의도로 메시지 전달을 사용한다. 메시지 전달은 실행 중인 프로세스에서 메시지를 교환하는 메커니즘으로 구성된다. 배치된 네트워크 내부에서 메시지 교환이 필요한 분산 아키텍처를 이용한 프로그램을 개발할 때마다 메시지 전달을 매우 흔하게 사용한다. 예로 얼랭^{Erlang} 같은 언어는 병렬 아키텍처에서의 통신을 구현한 메시지 전달 모델을 사용한다. 일단 각 메시지 교환에서 데이터를 복사했다면, 동시 접근에 관한 문제가 절대로 일어날 수 없다. 공유 메모리 상태에 비해 메모리를 더 많이 사용하는 것처럼 보이겠지만, 이 모델을 사용하는 것은 다음과 같은 장점이 있다.

- 데이터 접근이 동시에 발생하지 않는다.
- 로컬이나 분산 환경에서 메시지를 교환할 수 있다.
- 확장성 문제가 거의 발생하지 않게 만들며, 다른 시스템 간의 상호 운용성이 가능해진다.
- 일반적으로 프로그래머가 유지관리하기 쉽다.

병렬 프로그래밍 문제점 확인

용감한 키보드 전사가 병렬 프로그래밍 유령이 살고 있는 땅에서 결투하는 동안에 겪을 수 있는 고전적인 문제가 있다. 초보 프로그래머가 공유 상태를 조합해 작업자를 사용할 때 자주 많은 문제가 일어난다. 다음 절에서 이런 몇몇 문제를 설명한다.

교착상태

교착상태^{deadlock}는 두 개 이상의 작업자가 자원이 해제될 때까지 무한히 기다리는 현상이며, 어떤 이유로 동일한 그룹의 작업자가 블록된다. 더 나은 이해를 돕기 위해 다른 실제 사례를 이용한다. 은행 입구에 회전문이 있다고 상상하자. 고객 A는 입구에 서서 들어가려는 반면 고객 B은 회전문을 이용해 나가려고 시도한다. 결국 두 고객이 문을 강제적으로 밀치지만 어디로도 향하지 않는다. 이런 상황이 실생활에서는 웃기지만, 프로그래밍에서는 비극이다.

 교착상태는 프로세스가 그들의 태스크가 유휴 상태가 되는 조건을 기다림에도 불구하고 해당 조건이 절대로 일어나지 않는 현상을 말한다.

기아상태

기아상태^{starvation}는 하나 이상의 프로세스가 불공정한 순위로 실행됨에 따라 발생하는 부작용이며 태스크를 실행할 때 시간이 더 많이 걸린다. 무거운 태스크가 실행 중이고, 데이터 프로세서가 우선순위를 갖는 프로세스 그룹을 상상해보자. 그러면 지금 프로세스 A는 높은 우선순위로 CPU를 끊임없이 소모하는 반면에 낮은 우선순위인 프로세서 B는 절대로 그럴 기회를 얻지 못한다고 떠올려 보라. 이런 이유로 프로세서 B는 CPU 사이클에서 기아상태에 있다고 말할 수 있다.

 기아상태는 최악으로 조정한 프로세스 순위 정책에 기인한다.

경쟁 조건

프로세스 결과가 사실 순서에 의존한다면 동기화 메커니즘이 없어 이 순서가 깨지며 경쟁 조건$^{race condition}$에 직면한다. 대규모 시스템에서는 이런 문제의 결과를 걸러내기가 아주 어렵다.

예로 부부가 계좌를 개설했고, 작업 전의 초기 잔고는 100달러다. 다음 도표는 일반적인 경우를 보여주는데, 보호 메커니즘이 있고 예상된 사실 순서뿐만 아니라 결과도 있다.

남편	아내	계좌 잔고(달러)
		100
잔고 조회		100
20 입금		100
마감 작업		120
	잔고 조회	120
	10 출금	120
	마감 작업	110

경쟁 조건이 발생할 가능성이 없는 은행 작업을 보임

문제가 있는 시나리오를 다음 도표에 제시한다. 계좌에 아무런 동기화 메커니즘이 없으며 작업 순서를 예상할 수 없다고 가정해 보자.

남편	아내	계좌 잔고(달러)
		100
잔고 조회		100
100 출금		100
	잔고 조회	100
	10 출금	100
마감 작업		0
계좌 갱신		
	마감 작업	90
	계좌 갱신	

개설 계좌에서 생긴 잔고 문제와 경쟁 조건이 비슷함

최종 결과에서 분명한 불일치가 있는데, 이는 작업 순서에서 예상하지 못했던 동기화 부재에 기인한다. 병렬 프로그래밍 특성은 비결정성^{non-determinism}이다. 두 작업자가 실행 중인 곳이나 어느 작업자가 먼저 실행하는 곳일지라도 해당 순간을 예측하기란 불가능하다. 따라서 동기화 메커니즘은 필수다.

 비결정성과 동기화 메커니즘 부재을 조합하면 경쟁 조건 이슈를 초래할 수 있다.

파이썬 병렬 프로그래밍 도구 찾기

귀도 반 로썸이 만든 파이썬 언어는 다중 패러다임, 다목적 언어다. 강력한 단순함과 쉬운 유지보수로 인해 세계에서 널리 인정받았다. 또한 수많은 기능을 포함한 언어로 알려져 있다. 사용하기 수월하게 만들어주는 모듈의 범위가 넓다. 병렬 프로그래밍 내부에서 파이썬은 단순하게 구현된 내장 모듈과 외부 모듈을 갖고 있다. 이 병렬 프로그래밍 작업은 파이썬 3.x에 기반을 둔다.

파이썬 threading 모듈

파이썬 threading 모듈은 저수준 모듈인 _thread 모듈의 추상화 계층을 제공한다. 스레드에 기반을 둔 병렬 시스템 개발의 어려운 작업을 수행하는 과정에서 개발자를 돕는 함수를 제공한다. threading 모듈의 공식 문서는 http://docs.python.org/3/library/threading.html?highlight=threading#module-threadin에서 찾을 수 있다.

파이썬 multiprocessing 모듈

파이썬 multiprocessing 모듈은 프로세스에 기반을 두고 병렬을 사용하기 위한 단순 API 제공을 목표로 한다. 이 모듈은 threading 모듈과 비슷하며, 큰 어려움 없이 프로세스 간의 교대를 단순화한다. 파이썬에 있는 CPU 바운드 스레드^{CPU-Bound thread}와 GIL 사용에 관한 질문과 답변을 주고받는 곳인 파이썬 사용자 커뮤니티 내부에서는 프로세스에 기반을 둔 이 방식이 매우 인기가 있다. multithreading 모듈의 공식 문서는 https://docs.python.org/3/library/multiprocessing.html?highlight=multiprocessing#multiprocessing에서 찾을 수 있다.

패러렐 파이썬 모듈

외부 모듈인 패러렐 파이썬^{Parallel Python} 모듈은 프로세스 방식을 사용할 수 있는 병렬과 분산 시스템 생성을 위한 풍부한 API를 제공한다. 이 모듈은 가볍고 설치하기 쉬우며, 다른 파이썬 프로그램과 통합을 보장한다. 패러렐 파이썬 모듈은 http://parallelpython.com에서 찾을 수 있다. 기능 중에서 다음을 강조한다.

- 최적 구성 자동 감지
- 실행 시간에 작업자 프로세스 개수 변경 가능
- 동적 부하 분산
- 무정지
- 계산 자원을 자동으로 발견

셀러리: 분산 태스크 큐

셀러리celery는 분산 시스템을 생성할 때 사용하는 뛰어난 파이썬 모듈이며 훌륭한 문서를 제공한다. 동시성 형태로 태스크를 실행하는 세 가지 다른 방식인 다중처리multiprocessing, 이벤트렛Eventlet, 게벤트Gevent 중 적어도 하나를 활용한다. 다만 이번 작업에서는 다중처리 방식 사용에 집중한다. 또한 각 방식 간의 연결은 구성 문제인데, 독자가 실험으로 비교할 수 있도록 과제로 남긴다.

공식 프로젝트 페이지인 http://celeryproject.org에서 셀러리 모듈을 얻을 수 있다.

파이썬 GIL에 관한 주의 사항

GIL은 CPython으로 알려진 표준 파이썬을 구현할 때 사용되는 메커니즘으로서 서로 다른 스레드가 동시에 실행하는 바이트코드bytecode를 피한다. 파이썬에 GIL이 왜 있어야 하는지에 대해 파이썬 사용자 사이에서 격렬한 논쟁이 있다. CPython 인터프리터가 사용하는 내부 메모리를 보호할 목적으로 GIL을 선택했지만, 스레드의 동시 접근에 대한 동기화 메커니즘을 구현하지 않았다. 어쨌든 스레드 사용을 결정하면 GIL 문제가 나타나며, CPU 바운드가 되는 경향이 있다. 예로 I/O 스레드는 GIL 범위를 벗어난다. 이 메커니즘은 해를 주기보다는 파이썬의 진화에 더 많은 이점을 제공할 수도 있다. 무엇이 좋은지 나쁜지 여부를 결정할 때 분명히 단일 인수로 속도만을 고려하지는 않을 것이다.

태스크를 위한 프로세스 사용 방식에서 메시지 전달과 같이할 경우 유지보수성, 확장성, 성능 간의 더 나은 관계를 제공한다. 그렇긴 해도 스레드에서 실제로 필요한 경우가 있으므로 GIL로 제어해야 한다. 이런 경우에서는 C 언어로 확장한 코드 조각을 쓴 후 파이썬 프로그램에 내장함으로써 해낼 수 있다. 따라서 대안이 있지만 실제로 필요한지 분석하는 것은 개발자의 몫이다. 자, GIL을 어떻게 할지 질문한다면 일반적인 방법에서는 악역(?)을 자처한 파이파이[PyPy] 팀이 파이썬에서 GIL을 제거하기 위해 STM[Software Transactional Memory] 구현에 매달리고 있음을 기억하는 것이 중요하다. 이 프로젝트에 관한 상세한 내용을 보려면 http://pypy.org/tmdonate.html을 방문하자.

요약

1장에서는 병렬 프로그래밍의 개념을 배웠고, 몇몇 모델과 이들의 장단점에 관해 배웠다. 병렬을 생각했을 때 몇 가지 문제와 잠재적인 논란거리를 간략한 설명으로 제시했다. 또한 병렬 시스템을 구축할 때 개발자 삶을 편하게 해주는 내장 파이썬 모듈과 외부 파이썬 모듈을 짧게 소개했다.

다음 2장에서는 병렬 알고리즘을 설계하기 위한 몇 가지 기술을 공부한다.

2

병렬 알고리즘 설계

병렬 시스템을 개발하는 동안에는 코드 작성을 시작하기 전에 여러 측면을 주시해야 한다. 태스크에 따른 성공을 얻기 위해 처음부터 병렬로 하도록 문제와 방법의 뼈대를 잡는 것이 필수다. 2장에서는 해결책을 찾기 위해 몇 가지 기술적인 측면에서 접근한다.

2장에서는 다음과 같은 주제를 다룬다.

- 분할 정복 기법
- 데이터 분해
- 파이프라인^{pipeline}을 이용한 태스크 분해
- 프로세스 매핑

분할 정복 기법

복잡한 문제를 접했을 때 먼저 할 일은 독립적으로 처리할 수 있는 부분을 확인하기 위해 문제를 분해하는 것이다. 일반적으로 해결책이자 병렬 가능한 부분은 나눌 수 있는 조각이며, 다른 작업자가 처리하기 위해 이 조각을 분산한다. 분할 정복^{dividing and conquering} 기법은 복잡한 문제의 단위를 발견하고 해결할 때까지 영역을 재귀적으로 쪼개는 과정을 수반한다. 이 방식에서는 병합 정렬^{merge sort}과 빠른 정렬^{quick sort} 같은 정렬 알고리즘을 사용해 해결할 수 있다.

다음 그림은 분할 정복 기법을 볼 수 있도록 6개 벡터 요소를 병합 정렬하는 응용을 보여 준다.

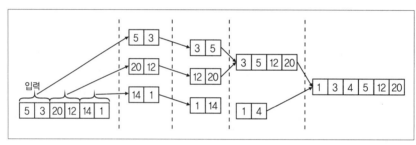

병합 정렬(분할 정복)

데이터 분해 사용

문제를 병렬로 하는 방법 중 하나는 데이터 분해^{data decomposition}를 거치는 것이다. 태스크가 2×2 행렬을 곱하는 상황을 상상하자. 여기서 이 행렬을 스칼라 값이 4인 행렬 A라고 부르겠다. 순차 시스템에서 각 곱셈 연산을 차례대로 수행해 모든 명령이 끝난 후에 결과를 생성한다. 행렬 A의 크기에 의존하며, 이 문제의 순차적인 해결책은 시간이 많이 걸릴 수 있다. 하지만 데이터 분해를 적용하면 행렬 A를 조각으로 나누는 시나리오를 그릴 수 있으며, 이 조각은 병렬 방법으로 수신한 데이터를 처리하는 작업자와 관련된다. 다음 그림은 스칼라 값으로 곱한 2×2 행렬 예제에 적용한 데이터 분해의 개념을 보여준다.

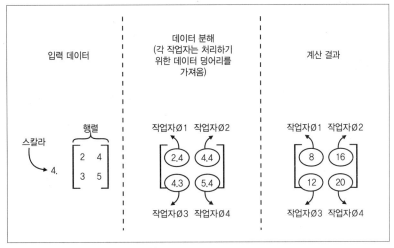

행렬 예제에서 데이터 분해

단일 작업자로 실행했던 최종 결과를 얻기 위해 필요한 연산이 있는 곳인 앞 그림에서 보여준 행렬 문제는 확실한 대칭을 가지며, 문제를 풀기 위해 동일한 연산 개수로 각 연산을 실행했다. 그럼에도 불구하고 현실에서는 작업자 개수와 분해될 수 있는 데이터 품질 간의 관계가 비대칭이며, 해결책의 성능에 직접 영향을 끼친다. 끝으로 이 방법에서 프로그램의 마지막 출력이 의미가 있도록 각 작업자가 생성한 결과와 상관돼야 한다. 작업자는 상관관계를 확립하기 위해 메시지 전달 패턴 또는 심지어 공유 상태 표준을 사용해 작업자 간 교신해야 한다.

 데이터를 분해할 수 있는 단위 크기는 해결책의 성능에 영향을 줄 수도 있다.

파이프라인으로 태스크 분해

문제를 해결할 때 태스크 구성에 사용하는 파이프라인^{pipeline} 기법을 협업적인 방법으로 실행해야 한다. 파이프라인은 큰 태스크를 병렬 방식으로 실행하는 더 작은 독립적인 태스크로 나눈다. 파이프라인 모델은 자동차 공장의 조립 라인과 비교할 수 있으며, 여기서 차대는 원료이자 입력이다. 원료는 여러 생산 단계를 거치며, 차를 준비할 수 있도록 과정이 끝날 때까지 여러 근로자가 차례대로 다른 작업을 수행한다. 파이프라인 모델은 개발의 순차 다이어그램과 매우 비슷하며 데이터에 차례대로 태스크를 실행한다. 태스크는 보통 이전 태스크의 결과인 입력을 받는다. 그렇다면 이 모델이 순차 기법과 다른 점은 무엇인가? 파이프라인 기법의 각 단계는 병렬 방법으로 동작하는 자신만의 작업자를 소유한다.

컴퓨팅 문맥에서 예를 들면 시스템이 일괄적으로 이미지를 처리한 후, 추출한 데이터를 데이터베이스에 넣을 수 있다. 실제적인 순서는 다음과 같다.

- 입력 이미지를 수신한 후, 두 번째 단계에서 병렬로 처리하도록 줄 세운다.

- 이미지를 분석한 후의 유용한 정보를 세 번째 단계로 보낸다.

- 세 번째 단계에서 이미지에 필터를 병렬로 적용한다.

- 세 번째 단계의 결과인 데이터를 데이터베이스에 계속 넣는다.

 파이프라인 기법의 각 단계는 자신만의 작업자를 이용해 분리된 방법으로 동작한다. 다만 정보 교환이 있도록 데이터 통신 메커니즘을 확립한다.

다음 그림은 파이프라인의 개념을 보여준다.

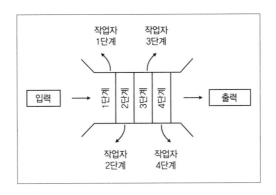

프로세스 매핑

작업자의 개수가 단일 단계에서 특정 문제를 해결하기엔 충분히 크지 않다. 그런 이유로 앞 절에 제시한 분해 기법이 필요하다. 하지만 분해 기법을 임의로 적용할 수 없다. 해결책의 성능에 영향을 줄 수 있는 요인이기 때문이다.

데이터나 태스크를 분해한 후에는 이런 질문을 던질 수 있다. "훌륭한 성능을 얻기 위해 작업자 간에 처리량을 어떻게 나누는가?" 모든 것이 이 문제에 달려 있으며 아직까지 연구 중인 만큼 이 질문에 답하기란 쉽지 않다.

기본적으로 프로세스 매핑을 정의할 때 중요한 두 단계가 있다.

- 독립 태스크 식별
- 데이터 교환이 필요한 태스크 식별

독립 태스크 식별

시스템에서 독립 태스크 식별은 다른 작업자 사이에 태스크 분산을 가능하게 해주므로 태스크는 지속적인 통신을 할 필요가 없다. 데이터 위치가 필요하지 않기 때문에 다른 작업자는 다른 태스크 실행에 영향을 주지 않은 채 태스크를 실행할 수 있다.

데이터 교환이 필요한 태스크 식별

단일 작업자에서 지속적인 통신을 확립하는 태스크를 그룹화하는 것은 성능을 개선할 수 있다. 실제로 데이터 통신에 큰 부하가 있다면 태스크 내부에서 데이터 교환 시의 과부하를 줄일 때 도움이 될 수 있다.

부하 분산

병렬 해결책의 관련 특성은 작업 단위를 다른 컴퓨팅 자원에 분산하는 방법이다. 다른 작업자에 태스크를 더 많이 분산하면 통신의 크기 단위가 더 늘어난다. 한편 많은 태스크를 단일 작업자에 그룹화하면 통신과 관련된 과부하를 훨씬 줄인다. 그렇지만 유휴^{idling}가 증가할 수 있다. 즉 처리 능력$^{computing\ power}$을 모두 쓰지 못한다. 병렬 프로그래밍에서 유휴는 바람직하지 않다. 게다가 위치 증가는 장비를 간단하게 더 추가해 처리 능력을 확장하기 위한 용량에 관한 해결책의 유연성을 감소시킨다. 메시지에 기반을 둔 아키텍처 내부(적은 데이터 위치)에서는 클러스터나 그리드에 머신을 간단하게 추가해 시스템 실행에 지장을 주지 않은 채 처리 능력을 늘릴 수 있다.

요약

2장에서는 병렬 해결책을 생성하는 몇 가지 방법을 논의했다. 데이터가 아닌 위치를 고려하면서 작업자 간 처리량을 나누는 것의 중요성에 중점을 둬야 한다.

다음 3장에서 병렬화 문제를 확인하는 방법을 배워본다.

3

병렬화 문제 확인

2장에서는 병렬과 관련된 문제에 대해 생각할 수 있는 몇 가지 다른 방법을 살펴봤다. 이제 구현을 해보면서 유용한 몇몇 특정 문제를 분석해보자.

3장에서는 다음과 같은 주제를 다룬다.

- 여러 입력으로 가장 높은 피보나치 값 얻기
- 웹 수집

여러 입력으로 가장 높은 피보나치 값 얻기

피보나치 수열Fibonacci sequence의 정의는 다음과 같이 알려져 있다.

$$F(n) = \begin{cases} 0, & if\ n = 0; \\ 1, & if\ n = 1; \\ F(n\text{-}1) + F(n\text{-}2), & if\ n > 1; \end{cases}$$

실례로 0부터 10까지의 조건으로 피보나치 값을 계산하면 결과는 0, 1, 1, 2, 3, 5, 8, 13, 21, 34, 55가 된다.

반복법^{iterative method}으로 피보나치를 계산해 가장 높은 값을 반환하는 파이썬 코드 예제는 다음과 같다.

```
def fibonacci(input):
  a, b = 0, 1
  for item in range(input):
    a, b = b, a + b
  return a
```

피보나치 함수는 입력 데이터의 특정 조각에 대한 가장 높은 피보나치 값을 계산한다. 웹사이트에서 사용자의 여러 입력을 받아 피보나치 값을 계산할 필요가 있는 가상 시나리오를 그려보자. 사용자가 입력인 값 배열을 제공한다고 가정하자. 순차적으로 계산한다면 흥미롭겠다. 하지만 웹사이트에 접속한 1억 사용자가 동일한 시간에 요청을 날린다면? 이런 경우 몇몇 사용자는 답을 받을 때까지 꽤 오랜 시간 동안 기다려야 한다.

앞의 코드로 제시했던 파이썬 피보나치 함수의 문맥 안에서 생각해보자. 입력 데이터 배열을 병렬로 활용하려면 어떻게 도출해야 할까? 2장에서 여러 기술을 보여줬다. 이번 경우에는 이런 기술 중 하나인 데이터 분해를 사용할 수 있다. 배열 단위로 분해한 후, 각 단위와 관련된 태스크를 디스패치한 다음에 작업자가 이를 실행할 수 있다. 다음 그림은 제안한 해결책을 보여준다.

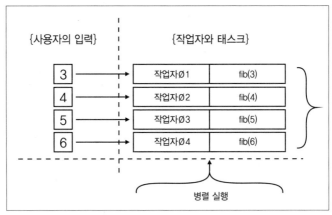

여러 입력에 대한 병렬 피보나치

 CPU 시간 낭비를 막기 위해 계산된 값을 캐싱하는 메커니즘 사용을 구현한 예제 작성을 제안한다. 멤캐시드(Memcached)(http://memcached.org) 같은 것도 권장한다.

웹 수집

이 책을 통해 공부해야 하는 다른 문제는 병렬 웹 수집기$^{web\ crawler}$ 구현이다. 웹 수집기는 페이지에 있는 정보를 찾기 위해 웹을 돌아다니는 컴퓨터 프로 그램으로 구성된다. 이번 시나리오에서 분석해야 하는 문제는 순차 웹 수집 기에게 URL$^{Uniform\ Resource\ Locators,\ 정보원}$을 가변 개수로 준 후, 제공된 각 URL 안에 있는 모든 링크를 검색하는 과정이다. 입력 URL 개수가 상대적으로 방대하 다고 상상하자. 다음과 같은 방법을 이용해 병렬로 찾는 해결책을 계획할 수 있다.

1. 데이터 구조체 안에 있는 모든 입력 URL을 연결한다.

2. 각 URL로부터 얻은 정보로 수집을 실행하는 태스크와 데이터 URL을 관련시킨다.

3. 작업자를 병렬로 실행하기 위해 태스크를 디스패치한다.

4. 이전 단계의 결과를 다음 단계에 전달해야 하며, 수집된 원시 데이터를 개량한다. 그런 후에 결과를 비롯해 해당 결과와 관련된 원래의 URL을 저장한다.

제안한 해결책을 위한 일련의 단계를 관찰하면 알 수 있듯이, 다음 두 가지 방법을 조합한다.

- 데이터 분해: URL 분할 후 태스크와 연관시켰을 때 발생한다.
- 파이프라인으로 태스크 분해: 3단계의 파이프라인을 포함한다. 수신, 수집, 수집 결과 구성의 태스크를 일련으로 연결할 때 발생한다.

다음 그림은 해결책 체계를 보여준다.

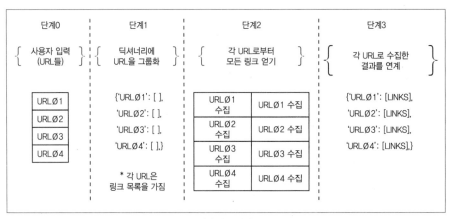

병렬 웹 수집기

요약

3장에서는 일반적인 문제와 병렬을 포함한 잠재적인 해결책에 관해 배웠다. 제시한 문제는 서로 다른 병렬 파이썬 라이브러리를 이용해 해결책을 구현해 볼 것이다.

4장에서는 threading 모듈로 스레드를 이용하는 해결책과 multiprocessing 모듈로 프로세스를 사용하는 해결책 등에 초점을 맞춘다.

4

threading과
concurrent.futures
모듈 사용

3장에서 병렬로 해결할 수 있는 몇 가지 잠재적인 문제점을 보여줬다. 4장에서는 파이썬 언어로 threading 모듈을 이용해 각 문제의 해결책을 구현하는 방법을 분석한다.

4장에서는 다음과 같은 주제를 다룬다.

- 스레드 정의

- threading과 _thread 중 하나 선택

- 여러 입력으로 피보나치 수열 항을 얻기 위해 threading 사용

- concurrent.futures 모듈을 이용한 웹 수집

스레드 정의

스레드는 프로세스에서 다른 방식으로 실행한다. 벌집이 있고, 벌집 내부에서 꽃가루를 수집하는 프로세스가 있는 프로그램을 그려보자. 꽃가루가 부족한 문제를 해결하기 위해 여러 작업자인 벌이 동시에 수집 프로세스를 수행한다. 작업자인 벌이 프로세스 내부에서 스레드 역할을 맡고, 태스크를 수행하기 위한 자원을 공유한다.

같은 프로세스에 속하는 스레드는 동일한 메모리 공간에서 메모리를 공유한다. 이런 이유로 개발자는 해당 메모리 영역을 제어하고 접근하면 된다.

스레드 사용에 따른 장단점

해결책을 구현할 때 사용하는 언어와 운영체제에 의존하는 스레드를 사용하기로 결정했을 때 몇몇 장단점을 고려해야 한다.

스레드 사용에 따른 장점은 다음과 같다.

- 동일한 프로세스에서 스레드 통신 속도, 데이터 위치, 정보 공유가 빠르다.
- 스레드 생성은 프로세스 생성에 비해 비용이 덜 든다. 메인 프로세스의 문맥에서 유지하는 모든 정보를 복사할 필요가 없기 때문이다.
- 프로세서의 캐시 메모리를 통해 메모리 접근을 최적화함으로써 데이터 위치성을 최대한 활용할 수 있다.

스레드 사용에 따른 단점은 다음과 같다.

- 데이터 공유는 빠른 통신을 가능하게 해주지만, 경험이 없는 개발자는 해결하기 어려운 오류를 만들 수 있다.

- 데이터 공유는 해결책의 유연성을 제한한다. 예로, 분산 아키텍처에 이전할 때 문제를 일으킬지도 모른다. 일반적으로 알고리즘의 확장성을 제한한다.

 파이썬 프로그래밍 언어 내부에서 CPU 바운드 스레드를 사용할 때 GIL로 인해 애플리케이션 성능에 악영향을 줄 수 있다.

스레드의 다른 종류 이해

스레드에는 두 가지 종류가 있는데 커널 스레드[kernel thread]와 사용자 스레드[user thread]다. 커널 스레드는 운영체제가 생성하고 관리하는 스레드다. 현재 운영체제의 커널은 문맥 교환, 스케줄링과 종료 등을 모두 관리한다. 사용자 스레드인 경우 패키지 개발자가 사용자 스레드의 상태를 제어한다.

각 스레드 타입의 몇 가지 장점을 인용할 수 있다.

커널 스레드의 장점은 다음과 같다.

- 한 커널 스레드는 한 프로세스를 참조한다. 따라서 커널 스레드가 블록돼도 다른 커널 스레드는 여전히 실행할 수 있다.
- 커널 스레드는 다른 CPU에서 실행할 수 있다.

커널 스레드의 단점은 다음과 같다.

- 생성과 동기화 루틴이 너무 비싸다.
- 구현은 플랫폼에 종속한다.

사용자 스레드의 장점은 다음과 같다.

- 생성과 동기화 비용이 싸다

- 플랫폼에 종속하지 않는다.

사용자 스레드의 단점은 다음과 같다.

- 프로세스 내부의 모든 사용자 스레드는 오직 한 커널 스레드와 관련이 있다. 따라서 사용자 스레드 하나가 블록되면 모든 다른 사용자 스레드도 실행할 수 없다.
- 사용자 스레드는 다른 CPU에서 실행할 수 없다.

스레드 상태 정의

스레드 수명에는 다음과 같이 다섯 가지 상태가 있다.

- 생성: 메인 프로세스가 스레드를 생성한다. 생성한 후, 실행 준비가 된 스레드 줄에 보낸다.
- 실행: 이 단계에서 스레드는 CPU를 사용한다.
- 준비: 이 단계에서 스레드는 실행 준비가 된 스레드 줄에 있으며, 실행할 의무가 있다.
- 블록: 이 단계에서 스레드는 I/O 연산을 기다리기 위해 블록된다. 예로, 이 단계에서는 CPU를 활용하지 않는다.
- 종료: 이 단계에서 실행에 사용했던 자원을 해제한 후, 스레드 수명이 끝난다.

threading과 _thread 중 하나를 선택

파이썬 언어는 스레드 기반 시스템 구현을 지원하는 두 가지 모듈인 _thread 모듈(스레드를 사용하기 위한 저수준 API를 제공하며, _thread 문서는 https://docs.

python.org/3.3/library/_thread.html에서 찾을 수 있음)과 threading(이 파이썬 모듈은 스레드를 사용하기 위한 고수준 API를 제공하며, threading 문서는 https://docs.python.org/3.3/library/threading.html에서 찾을 수 있음) 모듈을 제공한다. threading 모듈은 _thread 모듈에 친화적인 인터페이스를 제공하며 더 사용하기 편리하게 만들어준다. 둘 중 하나를 선택하는 것은 개발자에게 달려 있다. 개발자가 저수준에서 스레드를 사용하기 쉬운 것을 찾고, 자신만의 스레드풀을 구현하고자 하며, 락과 다른 원시 기능을 활용하겠다면 _thread를 사용하는 편이 낫다. 그렇지 않다면 threading이 가장 현명한 선택이다.

여러 입력으로 피보나치 수열 항을 얻기 위해 스레드 사용

지금은 진실의 시간이다. 임무는 여러 입력이 주어졌을 때 피보나치 수열의 항을 병렬로 실행하는 것이다. 교육적인 목적으로, 4개의 요소와 각 요소를 처리하는 4개의 스레드를 입력 값으로 고정한 후, 작업자 간의 완벽한 대칭을 시뮬레이션으로 해 태스크를 실행한다. 이 알고리즘은 다음과 같이 작동한다.

1. 먼저 계산할 4개 값을 리스트에 저장한다. 이 값을 스레드의 동기화된 접근을 허용하는 구조체로 보낸다.

2. 값을 동기화된 구조체에 보낸 후에는 피보나치 수열을 처리하는 스레드가 값을 처리할 준비가 되었음을 알려야 한다. 이를 위해 조건^{Condition}이라고 하는 스레드 동기화 메커니즘을 사용한다. (조건 메커니즘은 파이썬 객체 중 하나며, 스레드 간 공유하는 데이터 접근 동기화 메커니즘을 제공한다. https://docs.python.org/3/library/threading.html#threading.Condition에서 더 자세히 배울 수 있다.)

3. 각 스레드는 피보나치 수열 계산 후의 결과를 딕셔너리에 저장한다.

자, 코드를 비롯해 흥미로운 부분인 주석을 지금 제시한다.

코드 시작 부분에서, 유니코드를 추가 지원하고 logging, threading과 queue 모듈을 임포트한다. 그리고 예제에 사용하는 메인 데이터 구조체를 정의한다. fibo_dict이라고 하는 딕셔너리에 각 정수(입력으로 제공한)를 키로 저장하며, 각 키 값은 계산된 피보나치 수열 값이다. queue 모듈에 있는 Queue 모듈도 선언한다. 이 Queue 모듈은 피보나치 수열을 계산하는 스레드 사이에 공유된 데이터의 컨테이너가 되며, 각 스레드는 Queue 객체에 요소를 삽입한다. 이 큐를 share_queue로 호출하며, 끝으로 4개 요소가 들어 있는 파이썬 list 객체인 최종 데이터 구조체를 정의하면, 이 list 객체는 프로그램이 받은 값 집합을 시뮬레이션한다. 코드는 다음과 같다.

```
#coding: utf-8

import logging, threading

from queue import Queue

logger = logging.getLogger()
logger.setLevel(logging.DEBUG)
formatter = logging.Formatter('%(asctime)s - %(message)s')

ch = logging.StreamHandler()
ch.setLevel(logging.DEBUG)
ch.setFormatter(formatter)
logger.addHandler(ch)

fibo_dict = {}
```

```
shared_queue = Queue()
input_list = [3, 10, 5, 7]
```

 예제 코드 다운로드

이 책의 예제 코드는 http://www.packtpub.com의 계정을 통해 내려받을 수 있다. 다른 곳에서 구매한 경우에는 http://www.packtpub.com/support를 방문해 등록하면 파일을 이메일로 직접 받을 수 있다. 에이콘출판사의 도서정보 페이지인 http://www.acornpub. co.kr/book/parallel-python에서도 예제 코드를 다운로드할 수 있다.

다음 코드 라인에서 Condition이라고 하는 threading 모듈에서 객체를 정의한다. 이 객체는 특정 조건에 따라 자원 접근 시 동기화하는 것이 목적이다.

```
queue_condition = threading.Condition()
```

Condition 객체 사용의 아이디어는 큐 생성을 제어하고 큐에서 발생한 것을 처리함에 있다.

다음 코드 조각은 여러 스레드를 실행하기 위한 함수 정의부며, fibonacci_task로 부른다. fibonacci_task 함수는 fibonacci_task의 shared_queue 접근을 제어하는 condition 객체를 인자로 받는다. 이 함수 내부에서 컨텐츠 관리를 단순화하는 with 문(with 문에 관한 상세한 내용은 https://docs.python.org/3/reference/compound_stmts.html#with를 참조하자)을 사용한다. with 문이 없다면 락 취득과 해제를 명시적으로 해야 한다. with 문과 함께 쓰면 내부 블록의 시작에서 락을 취득하고, 끝에 락을 해제할 수 있다. fibonacci_task 함수 내 다음 단계는 논리적 평가를 만들며, 현재 스레드에게 "shared_queue가 비었습니다. 기다리세요."라고 알린다. 이를 위해 condition 객체의 wait() 메소드를 주로 사용한다. 스레드는 shared_queue가 풀렸음을 프로세스에게 통지한 것을 얻기 전까지 대기한다. 일단 조건을 만족했다면 현재 스레드는 shared_queue의 요소를 취득한 후, 피보나치 수열을 즉시 계산한 다음에 fibo_dict 딕셔너리에 항목을 생성한다. 마지막으로, 추출한 특정 큐 태스크를 실행했음을 알리는 것이 목적인 task_done() 메소드를 호출한다. 코드는 다음과 같다.

```python
def fibonacci_task(condition):
  with condition:
    while shared_queue.empty():
      logger.info("[%s] - waiting for elements in queue.."
        % threading.current_thread().name)
      condition.wait()
    else:
      value = shared_queue.get()
      a, b = 0, 1
      for item in range(value):
        a, b = b, a + b
        fibo_dict[value] = a
    shared_queue.task_done()
    logger.debug("[%s] - Result %s"
      % (threading.current_thread().name, fibo_dict))
```

정의했던 두 번째 함수는 스레드가 실행하는 queue_task 함수며, 처리된 요소를 shared_queue에 채우는 책임을 진다. share_queue에 접근하기 위해 인자로 받은 condition 획득에 주목하자. input_list에 각 항목이 존재하면 스레드는 share_queue에 그 항목을 삽입한다.

share_queue에 모든 요소를 삽입한 후, 이 함수는 피보나치 수열 계산을 담당하는 스레드에게 큐를 사용할 준비가 됐다고 통지한다. 다음과 같이

condition.notifyAll()를 이용해 수행할 수 있다.

```
def queue_task(condition):
  logging.debug('Starting queue_task...')
  with condition:
      for item in input_list:
          shared_queue.put(item)
      logging.debug("Notifying fibonacci_task threads
          that the queue is ready to consume..")
      condition.notifyAll()
```

다음 코드 조각에서 4개 스레드 집합을 생성한 후, shared_queue로부터 조건 준비를 기다린다. 함수 정의를 허용하는 thread 클래스의 생성자에 주목하자. 이 스레드는 target 인자를 이용해 실행하며, 인자는 args로 넘겨 받은 함수 인데 다음과 같다.

```
threads = [threading.Thread(
    daemon=True, target=fibonacci_task,
args=(queue_condition,)) for i in range(4)]
```

그다음에는 다음 코드를 사용해 피보나치 수열을 계산하기 위한 스레드 생성 을 실행한다.

```
[thread.start() for thread in threads]
```

다음 단계에서는 shared_queue를 채우는 스레드를 생성한 후 시작하며, 코드 는 다음과 같다.

```
prod = threading.Thread(name='queue_task_thread', daemon=True,
    target=queue_task, args=(queue_condition,))
prod.start()
```

마지막으로 피보나치 수열을 계산하는 모든 스레드를 위한 join() 메소드를 호출한다. 호출 의도는 처리를 완료하기 전에 프로그램의 주요 흐름이 끝나지 않도록 메인 스레드가 피보나치 수열을 실행하는 스레드를 기다리는 것이다. 다음 코드를 참조하자.

```
[thread.join() for thread in threads]
```

이 프로그램의 실행 결과로 다음과 같은 출력을 얻는다.

parallel_fibonacci.py 출력

첫 번째 Fibonacci_task 스레드를 생성해 초기화한 후, 대기 상태에 진입한다. 그동안에 queue_task를 생성하고 shared_queue를 채운다. 마지막에 queue_task는 태스크를 실행할 수 있는 fibonacci_task 스레드에게 통지한다.

fibonacci_task 스레드는 순차 로직을 따라 실행하지 않음에 주목하자. 실행할 때마다 순서가 달라질 수 있다. 이것은 스레드 사용에 따른 특성 중의 하나인 비결정성이다.

concurrent.futures 모듈을 이용한 웹 수집

이번 절에서는 병렬 웹 수집기를 구현하기 위해 코드를 사용한다. 병렬 구조에서 매우 흥미로운 파이썬 자원인 `ThreadPoolExecutor`를 사용하는데, `concurrent.futures` 모듈에 있는 기능이다. `parallel_fibonacci.py`를 분석했던 이전 예제에서는 완전히 원시 형태인 스레드를 사용했다. 또한 특정 시점에 수동으로 하나 이상의 스레드를 생성하고 초기화했다. 큰 프로그램에서는 이런 유형의 상황을 관리하기가 매우 어렵다. 이런 경우 스레드풀^{threadpool}이 가능한 메커니즘이 있다. 스레드풀은 구조체에 불과하지만 이전에 생성했던 여러 스레드를 특정 프로세스에 사용하도록 유지한다. 스레드 재사용에 목표를 두고 있기 때문에 비용이 많이 드는 불필요한 스레드 생성을 방지할 수 있다.

3장에서 언급했지만 기본적으로 단계별로 몇몇 태스크를 실행하는 알고리즘이 있으며, 해당 태스크는 서로 의존한다. 여기서는 병렬 웹 수집기에 대한 코드를 살펴볼 것이다.

몇몇 모듈을 임포트하고 로그 파일을 설정한 후, re(이 모듈에 관한 완전한 문서는 https://docs.python.org/3/howto/regex.html에서 찾을 수 있음)라고 부르는 내장 모듈을 사용해 정규 표현식을 생성한다. 수집 단계에서 반환하는 페이지에 있는 링크를 걸러내기 위해 이 정규 표현식을 쓴다. 코드는 다음과 같다.

```
html_link_regex = \
re.compile('<a\s(?:.*?\s)*?href=[\'"](.*?)[\'"].*?>')
```

다음은 특정 입력 데이터를 시뮬레이션할 수 있도록 동기화된 큐를 채운다. 그런 후에 `result_dict`이라고 하는 딕셔너리 인스턴스를 선언한다. 여기서 URL과 리스트 구조체인 각 링크는 상관관계가 있으며, 코드는 다음과 같다.

```
urls = queue.Queue()
urls.put('http://www.google.com')
urls.put('http://br.bing.com/')
urls.put('https://duckduckgo.com/')
urls.put('https://github.com/')
urls.put('http://br.search.yahoo.com/')

result_dict = {}
```

다음 코드 조각에서 동기화된 큐로부터 URL를 추출해 result_dict에 채우는 group_urls_task라고 하는 함수를 정의한다. URL은 result_dict의 키임을 볼 수 있다. 관찰할 수 있는 다른 세부사항은 get() 함수에 두 인자를 사용한다는 점이다. 첫 번째 인자를 True로 설정하면 동기화된 큐에 접근을 차단한다. 두 번째 인자는 경과시간을 0.05로 하며, 동기화된 큐에서 요소가 존재하지 않을 경우 너무 많이 기다리게 하는 것을 방지한다. 요소를 기다리는 과정에서 차단된 채 많은 시간을 소모하길 원하지는 않을 것이다.

```
def group_urls_task(urls):
  try:
    url = urls.get(True, 0.05)
    result_dict[url] = None
    logger.info("[%s] putting url [%s] in dictionary..." % (
      threading.current_thread().name, url))
  except queue.Empty:
    logging.error('Nothing to be done, queue is empty')
```

이제 각 URL을 crawl_task 함수의 인자로 보내 수집 단계 완수에 책임을 진 태스크를 가졌다. 기본적으로 수집 단계에서 지정해 받은 URL인 웹페이지 내부의 모든 링크를 취득 완료한다. 수집해 반환한 튜플에는 crawl_task 함수가 받은 URL인 첫 번째 요소를 포함한다. 두 번째 단계에서는 추출된 링크 리스트를 얻는다. URL로부터 웹페이지를 취득할 때 requests 모듈(requests 모듈에 관한 공식 문서는 https://pypi.python.org/pypi/requests에서 찾을 수 있음)을 사용했다. 코드는 다음과 같다.

```
def crawl_task(url):
  links = []
  try:
      request_data = requests.get(url)
      logger.info("[%s] crawling url [%s] ..." % (
        threading.current_thread().name, url))
      links = html_link_regex.findall(request_data.text)
  except:
      logger.error(sys.exc_info()[0])
      raise
  finally:
      return (url, links)
```

다음 코드를 분석하면 concurrent.futures 모듈의 기능인 ThreadPoolExecutor 객체(ThreadPoolExecutor 객체에 관한 상세한 정보는 https://docs.python.org/3.3/library/concurrent.futures.html#concurrent에서 찾을 수 있음) 생성을 볼 수 있다. ThreadPoolExecutor 객체의 생성자에서 max_workers라고 하는 파라미터를 정의할 수 있다. 이 파라미터는 실행기executor에 연결된 스레드풀의 스레드 개수를 정의한다. 동기화된 큐에서 URL을 제거한 후, 키를 result_dict에 등록하는 단계에서 선택했던 것은 세 작업자 스레드 사용이었다. 품질은 문제에 따라 달라진다. ThreadPoolExecutor를 정의한 후에 종료 루틴을 보장하는 with 문을 사용하며, 이 루틴은 with 문 범위 밖에서 실행된다. ThreadPoolExecutor 객체의 범위에서 동기화된 큐를 순환하면서, submit

메소드가 URL를 포함한 큐를 참조해 실행하도록 디스패치한다. 요약하면 submit 메소드는 실행을 위해 호출 가능한[callable] 객체를 스케줄링하고, 실행을 위해 생성된 스케줄링을 포함한 Future 객체를 반환한다. submit 메소드는 호출 가능한 객체와 인자를 받는다. 이번 경우에서 호출 가능한 객체는 태스크인 group_urls_task며, 인자는 동기화된 큐의 참조다. 인자를 호출한 후에는 풀에 정의된 워커 스레드가 비동기 방식인 병렬로 예약을 실행한다. 코드는 다음과 같다.

```
with concurrent.futures.ThreadPoolExecutor(max_workers=3) as\
  group_link_threads:
    for i in range(urls.qsize()):
      group_link_threads.submit(group_urls_task, urls)
```

위 코드로 다른 ThreadPoolExecutor를 생성했다. 하지만 이번에는 이전 단계의 group_urls_task로 생성한 키를 사용해 수집 단계를 실행하고 싶을 수 있다. 이때 다음과 같이 차이가 있다.

```
future_tasks = {crawler_link_threads.submit(crawl_task, url): url
  for url in result_dict.keys()}
```

future_tasks라고 하는 임시 딕셔너리를 매핑했다. result_dict의 각 URL 기능을 전달해 submit가 만든 예약을 포함한다. 즉 future_task에 각 키에 대한 항목을 만든다. 매핑한 후부터 반복문을 사용해 실행했던 예약으로부터 결과를 수집해야 한다. concurrent.futures.as_completed(fs, timeout=NONE) 메소드를 이용해 future_task에서 완료된 항목을 찾는다. 이 호출은 Future 객체의 인스턴스에 대한 반복자를 반환한다. 따라서 디스패치했던 예약으로 처리한 각 결과를 순환할 수 있다. ThreadPoolExecutor의 마지막에서 수집 스레드는 Future 객체의 result() 메소드를 사용한다. 수집 단계인 경우 결과인 튜플을 반환한다. 이렇게 해서 다음과 같이 future_tasks에 최종 항목을 생성한다.

병렬 방법으로 웹 수집

한 번 더 말하자면, 각 풀에서의 스레드 실행 순서가 논리 순서를 나타내지 않는데, 이는 비결정성의 결과임을 주목해야 한다. 중요한 부분은 최종 결과를 보여주는 result_dict으로부터 프린트된 항목이다.

요약

4장에서는 스레드 사용에 관한 이론적 개념에 초점을 맞췄다. 3장에서 제안했던 예제를 threading 모듈과 concurrent.futures를 사용해 구현했다. 이 방식으로 모듈의 메커니즘과 유연성을 입증했다.

다음 5장에서는 multiprocessing과 ProcessPoolExecutor를 이용해 3장에서 언급했던 두 사례 문제를 해결하는 방법에 중점을 둔다.

5

multiprocessing과 ProcessPoolExecutor 모듈 사용

4장에서 두 사례 문제를 해결하기 위해 threading 모듈을 사용하는 방법을 공부했다. 5장에서는 threading과 비슷한 인터페이스를 구현한 multiprocessing 모듈을 어떻게 사용하는지 살펴보겠다. 다만 여기서는 프로세스 패러다임을 사용한다.

5장에서는 다음과 같은 주제를 다룬다.

- 프로세스 개념 이해
- 다중처리 통신 이해
- 여러 입력으로 피보나치 수열 항을 얻는 multiprocessing 사용
- ProcessPoolExecutor를 이용한 웹 수집

프로세스 개념 이해

운영체제 안에서 실행하는 프로그램과 자원에 대한 컨테이너인 프로세스를 이해해야 한다. 실행하는 프로그램과 관련된 전부를 프로세스가 관리할 수 있는데, 데이터 영역, 자식 프로세스, 주소 공간뿐만 아니라 다른 프로세스와의 통신도 포함한다.

프로세스 모델 이해

프로세스는 조작과 제어가 가능한 정보 및 자원과 관련이 있다. 운영체제는 프로세스와 관련된 정보를 저장한 프로세스 제어 블록[Process Control Block, PCB]이라고 하는 구조체를 갖는다. 예를 들어, PCB는 다음과 같은 정보를 저장할 수 있다.

- 프로세스 ID: 운영체제에서 프로세스를 식별할 수 있는 고유 정수 값(부호 없음)이다.
- 프로그램 카운터: 실행할 다음 프로그램 명령의 주소를 포함한다.
- I/O 정보: 프로세스와 관련된 열린 파일과 디바이스 목록이다.
- 메모리 할당: 프로세스가 사용하는 메모리 공간과 프로세스와 페이징 테이블이 예약한 메모리 공간에 관한 정보를 저장한다.
- CPU 스케줄링: 프로세스 우선순위에 관한 정보와 방대한 큐의 해당 프로세스 관련 정보를 저장한다.
- 우선순위: 프로세스가 CPU를 획득할 수 있는 우선순위를 정의한다.
- 현재 상태: 프로세스가 준비[ready], 대기[waiting]나 실행 중[running]인지의 여부를 나타낸다.
- CPU 레지스터리: 스택 포인터와 다른 정보를 저장한다.

프로세스 상태 정의

프로세스는 생명주기에서 다음과 같은 세 가지 상태를 가진다.

- 실행 중: 프로세스가 CPU를 사용한다.
- 준비: 프로세스 큐에서 대기했던 프로세스가 지금 CPU를 사용할 준비가 됐다.
- 대기: 프로세스는 실행했던 태스크와 관련된 몇몇 I/O 연산을 기다린다.

다중처리 통신 구현

multiprocessing 모듈(https://docs.python.org/3/library/multiprocessing.html)은 프로세스 사이에 두 가지 통신 방식을 허용하며, 모두 메시지 전달 패러다임에 기반을 둔다. 이전에 살펴봤듯이 메시지 전달 패러다임은 동기화 메커니즘 부재에 기반을 두는데, 프로세스 간 데이터 복사본을 교환하기 때문이다.

multiprocessing.Pipe 사용

파이프는 두 엔드포인트^{endpont}(통신에서 두 프로세스) 간의 통신을 구축하는 메커니즘으로 구성된다. 이것은 프로세스 간 메시지를 교환하기 위해 채널을 생성하는 방법이다.

 공식 파이썬 문서에서는 모든 두 엔드포인트를 위해 파이프 사용을 권장한다. 그 이유는 다른 엔드포인트가 동시에 안전하게 읽음을 보장할 수 없기 때문이다.

multiprocessing.Pipe 객체 사용을 예로 들기 위해 두 프로세스인 A와 B를 생성하는 파이썬 프로그램을 구현한다. 프로세스 A는 1부터 10까지 간격에서 정수 값을 무작위로 프로세스 B에게 보내면 프로세스 B는 화면에 표시한다. 자, 프로그램을 하나씩 확인하자.

예제를 구현하기 위해 다음과 같이 몇 가지 필수 모듈을 임포트한다.

```
import os, random
from multiprocessing import Process, Pipe
```

os 모듈은 프로세스의 PID를 얻게 해주며, os.getpid()(https://docs.python.org/3.3/library/os.html)를 사용해 프로그램의 특정 지점을 실행한다. os.getpid() 호출 시 우리의 예제에서는 투명한 형태로 반환한다. 실행 중인 태스크인 producer_task와 consumer_task를 전담하는 두 프로세스의 PID를 반환한다.

프로그램의 다음 부분에서 procedure_task 함수를 정의한다. 여기서 다른 점이 있는데 random.randint(1, 10) 호출을 이용해 무작위 숫자를 생성하는 것이다. procedure_task 함수의 핵심은 conn.send(value) 호출이며, 메인 프로그램의 흐름에서 Pipe가 생성한 procedure_task 함수에 인자로 내보냈던 연결 객체connection object를 사용한다. producer_task 함수의 전체 내용을 살펴보자.

```
def producer_task(conn):
    value = random.randint(1, 10)
    conn.send(value)
    print('Value [%d] sent by PID [%d]' % (value, os.getpid()))
    conn.close()
```

Pipe의 연결 메소드이자 send 메소드를 통해 데이터를 전송하는 close()를 항상 호출함을 잊지 말자. 통신 채널과 관련된 자원을 더 이상 사용하지 않아 정리해야 할 때 중요하기 때문이다.

소비자 프로세스를 실행하는 태스크는 꽤 간단하다. 수신한 값을 화면에 프린트하며, 소비 중인 프로세스의 PID를 알리는 것이 목표다. 통신 채널로부터 보낸 값을 취득하기 위해 conn.recv()(https://docs.python.org/dev/library/multiprocessing.html#multiprocessing.Connection.recv) 호출을 사용한다. consumer_task 함수의 구현부는 다음과 같다.

```
def consumer_task(conn):
  print('Value [%d] received by PID [%d]' % (conn.recv(),
  os.getpid()))
```

예제의 마지막에서는 소비자와 생산자 프로세스가 사용하는 연결 객체를 각각 생성하기 위해 Pipe()를 호출함을 인지할 수 있다. 다음 전체 코드에서 살펴 볼 수 있듯이, 호출 후에 생산자와 소비자 프로세스를 생성하고 consumer_task 함수와 대상 함수인 producer_task 함수를 각각 보낸다.

```
if __name__ == '__main__':
  producer_conn, consumer_conn = Pipe()
  consumer = Process(target=consumer_task,args=(consumer_conn,))
  producer = Process(target=producer_task,args=(producer_conn,))

  consumer.start()
  producer.start()

  consumer.join()
  producer.join()
```

프로세스를 정의한 후, 실행을 초기화하는 start() 메소드와 메인 프로세스가 생산자와 소비자 프로세스 실행을 기다리기 위한 join() 메소드를 호출한다.

다음 스크린샷에서 multiprocessing_pipe.py의 결과를 볼 수 있다.

multiplrocessing_pipe.py의 결과

multiprocessing.Queue 이해

이전 절에서는 통신 채널을 생성해 프로세스 사이의 통신을 구축하는 파이프라인의 개념을 분석했다. 이제 multiprocessing 모듈에서 구현된 Queue 객체를 사용해 효율적으로 통신 확립을 하는 방법을 알아본다. multiprocessing.Queue에서 활용할 수 있는 인터페이스는 queue.Queue와 매우 비슷하다. 하지만 내부 구현에서 피더 스레드feeder thread를 호출하는 내부 스레드 같은 다른 메커니즘을 사용한다. 피더 스레드는 큐의 데이터 버퍼부터 도착지 프로세스와 관련된 파이프까지 데이터를 전달한다. Pipe와 Queue 메커니즘 둘 다 메시지 전달 패러다임을 사용하며, 동기화 메커니즘을 사용해야 하는 사용자에게 위임한다.

multiprocessing.Queue를 쓰는 사용자는 예로 Locks 같은 동기화 메커니즘을 사용할 필요가 없을지라도 내부적으로는 통신을 구축하기 위해 버퍼와 파이프 사이에 데이터를 전송할 때 동기화 메커니즘을 사용한다.

여러 입력으로 피보나치 수열 항을 얻기 위해 multiproce ssing 사용

스레드 대신에 프로세스를 사용해서 여러 입력으로 피보나치 수열을 처리하는 사례를 구현해보자.

multiprocessing_fibonacci.py 코드에서 multiprocessing 모듈을 사용하며, 실행하기 위해 다음 코드에서 관찰할 수 있는 몇 가지 필수 모듈을 임포트한다.

```
import sys, time, random, re, requests
import concurrent.futures
from multiprocessing import Process, Queue, Pool, cpu_count, current_process, Manager
```

몇몇 임포트는 4장에서 언급했다. 그렇지만 다음 일부 임포트에 특별히 관심을 가져보자.

- cpu_count: 머신에서 CPU의 양을 취득할 수 있는 함수다.
- current_process: 현재 프로세스에 관한, 예를 들면 프로세스의 이름과 같은 정보를 취득할 수 있는 함수다.
- Manager: 프록시의 도움으로 다른 프로세스 간 파이썬 객체를 공유할

수 있는 객체 유형이다(자세한 내용은 https://docs.python.org/3/library/
multiprocessing.html를 참조하자).

다음 코드의 첫 번째 함수가 다르게 동작함을 주목하자. 14번 반복하는 동안
에 1부터 20까지의 값을 무작위로 생성한다. Manager 객체가 생성한 딕셔너
리인 fibo_dict에 이 값을 키로 삽입한다.

 메시지 전달 방식을 사용하는 것은 매우 일반적이다. 하지만 어떤 경우에서는 fibo_dict
딕셔너리에서 볼 수 있듯이 다른 프로세스 사이에 코드 조각을 공유해야 한다.

다음과 같이 producer_task 메소드를 확인하자.

```
def producer_task(q, fibo_dict):
  for i in range(15):
    value = random.randint(1, 20)
    fibo_dict[value] = None

    logger.info("Producer [%s] putting value [%d] into
      queue.. " % (current_process().name, value))
    q.put(value)
```

그다음 단계에서 fibo_dict의 각 키로 피보나치 수열 항 계산을 정의한다. 4장
에서 제시했던 함수와 관련해 오직 다른 부분이라면 다른 프로세스가 사용할
수 있도록 인자인 fibo_dict를 이용했다는 점이다.

다음과 같이 consumer_task 함수를 확인하자.

```
def consumer_task(q, fibo_dict):
  while not q.empty():
    value = q.get(True, 0.05)
```

```
a, b = 0, 1
for item in range(value):
    a, b = b, a + b
    fibo_dict[value] = a
logger.info("consumer [%s] getting value [%d] from
    queue..." % (current_process().name, value))
```

코드로 더 진행해보자. 프로그램의 메인 블록에 들어가면 다음과 같이 정의된 변수가 몇 가지 있다.

- data_queue: 기본적으로 안전하게 처리되는 multiprocessing.Queue를 포함한다.

- number_of_cpus: 이미 설명했던 multiprocessing.cpu_count 함수가 반환하는 값을 포함한다.

- fibo_dict: Manager 객체가 생성한 딕셔너리며, 프로세스의 최종 결과를 삽입한다.

위 코드에서 더 나가면, 다음과 같이 producer_task 함수를 이용해 data_queue에 무작위 값을 채우는 producer를 호출하는 프로세스를 생성한다.

```
producer = Process(target=producer_task, args=(data_queue,
    fibo_dict))
producer.start()
producer.join()
```

Process 클래스 초기자의 원형^{signature}은 threading 패키지에 존재하는 Thread 클래스에 사용했던 초기자의 원형과 동일함을 관찰할 수 있다. 작업자가 병렬로 실행해야 하는 대상 함수와 이 함수의 인자를 받는다. 그러면 프로세스 실행을 시작한 후, 메인 프로세스가 procedure 프로세스가 종료한 후에만 진행할 수 있도록 join() 메소드를 호출한다.

다음 덩어리에서는 프로세스를 이미 초기화한 후에 소비자의 리스트를 저장하는 consumer_list라고 하는 리스트를 정의했다. 리스트를 생성하는 이유는 모든 작업자의 프로세스가 시작한 후에만 join()을 호출하기 때문이다.

반복문에서 각 항목에 대해 join() 메소드를 호출했다면, 첫 번째 작업자가 작업을 수행하되 현재 작업자가 끝날 때까지 다음 반복을 블록한다. 마지막에는 다음 작업자가 처리할 것이 없게 된다. 이 시나리오를 다음 코드로 나타낸다.

```
consumer_list = []
for i in range(number_of_cpus):
    consumer = Process(target=consumer_task, args=(data_queue,
        fibo_dict))
    consumer.start()
    consumer_list.append(consumer)


[consumer.join() for consumer in consumer_list]
```

다음 스크린샷과 같이 결국에는 fibo_dict를 순환하면서 결과를 보여준다.

```
2014-05-13 16:01:13,424 - Producer [Process-2] putting value [13] into queue..
2014-05-13 16:01:13,436 - consumer [Process-3] getting value [1] from queue...
2014-05-13 16:01:13,439 - consumer [Process-3] getting value [17] from queue...
2014-05-13 16:01:13,441 - consumer [Process-3] getting value [16] from queue...
2014-05-13 16:01:13,443 - consumer [Process-3] getting value [20] from queue...
2014-05-13 16:01:13,449 - consumer [Process-3] getting value [14] from queue...
2014-05-13 16:01:13,459 - consumer [Process-4] getting value [10] from queue...
2014-05-13 16:01:13,465 - consumer [Process-5] getting value [6] from queue...
2014-05-13 16:01:13,468 - consumer [Process-6] getting value [7] from queue...
2014-05-13 16:01:13,469 - consumer [Process-5] getting value [14] from queue...
2014-05-13 16:01:13,470 - consumer [Process-5] getting value [2] from queue...
2014-05-13 16:01:13,472 - consumer [Process-4] getting value [19] from queue...
2014-05-13 16:01:13,472 - consumer [Process-6] getting value [17] from queue...
2014-05-13 16:01:13,474 - consumer [Process-3] getting value [12] from queue...
2014-05-13 16:01:13,477 - consumer [Process-4] getting value [13] from queue...
2014-05-13 16:01:13,478 - consumer [Process-5] getting value [19] from queue...
2014-05-13 16:01:13,481 - {1: 1, 2: 1, 6: 8, 7: 13, 10: 55, 12: 144, 13: 233, 14: 377, 16: 987,
yipman@foshan:~/Documents/prog_experiments/python/8397_05_1stDraft$
```

multiprocessing_fibonacci.py의 결과

ProcessPoolExecutor를 이용한 웹 수집

`concurrent.futures` 모듈이 여러 스레드 생성과 조작 기능을 갖춘 `ThreadPoolExecutor`를 제공하는 것처럼 프로세스도 `ProcessPoolExecutor`의 클래스에 속한다. `ProcessorPoolExecutor` 클래스도 병렬 웹 수집기 구현에 사용했던 `councurrent.futures` 패키지의 기능이다. 이번 사례 연구를 구현하기 위해 이름이 `processor_pool_executor_web_crawler.py`인 파이썬 모듈을 생성한다.

이 코드는 이전 예제에서 알려진 `requests` 모듈, `Manager` 모듈 같은 임포트로 초기화한다. 태스크 정의와 관련 있고, 스레드 사용을 참조하는 부분은 4장의 예제와 비교했을 때 지금의 함수 인자로 조작해야 하는 데이터를 보낸다는 점 빼고는 약간 변경됐다. 다음 원형을 참조하자.

다음과 같이 `group_url_task` 함수를 정의한다.

```
def group_urls_task(urls, result_dict, html_link_regex)
```

다음과 같이 `crawl_task`를 정의한다.

```
def crawl_task(url, html_link_regex)
```

미묘하지만 중요한 변화가 있는 코드 덩어리를 살펴보자. 메인 덩어리에 들어가보자. 지금 큐 공유를 허용할 뿐만 아니라 프로세스 결과를 포함하는 딕셔너리를 허용하기 위해 `Manager` 타입의 객체를 선언했다. 수집에 필요한 URL을 포함하는 `urls`로 명명한 큐를 정의하기 위해 `Manager.Queue` 객체를 사용한다. `result_dictonary`인 경우 프록시가 관리하는 딕셔너리 사용에 목적을 두는 `Manager.dic` 객체를 사용한다.

다음 코드 덩어리는 이런 정의를 보여준다.

```
if __name__ == '__main__':
  manager = Manager()
  urls = manager.Queue()
  urls.put('http://www.google.com')
  urls.put('http://br.bing.com/')
  urls.put('https://duckduckgo.com/')
  urls.put('https://github.com/')
  urls.put('http://br.search.yahoo.com/')
  result_dict = manager.dict()
```

다음 코드에서 보듯이 프로그램을 실행하는 과정에서 수집 단계에서 사용하는 정규 표현식을 정의한 후, 머신의 프로세서 개수를 얻는다.

```
html_link_regex = \
  re.compile('<a\s(?:.*?\s)*?href=[\'"](.*?)[\'"].*?>')


number_of_cpus = cpu_count()
```

최종 덩어리에서 concurrent.futures 모듈에 있는 API의 일관성에 주목하자. 다음 덩어리는 4장에서 언급했던 ThreadPoolExecutor를 사용한 예제에서 이용했던 부분이다. 아무튼 코드 중단 없이 내부 동작 변경과 CPU 바운드 프로세스를 위한 GIL 문제를 해결했으므로 해당 클래스를 ProcessPoolExecutor로 변경하기엔 충분하다. 다음 덩어리를 확인해보자. ProcessPoolExecutor를 생성한 후, 머신의 프로세서 개수와 일치하도록 제한을 건다. 첫 번째 실행기는 표준 None 값으로 딕셔너리의 URL을 그룹화한다. 두 번째 실행기는 수집 단계를 진행한다.

첫 번째 실행기에 대한 코드 덩어리는 다음과 같다.

```
with concurrent.futures.ProcessPoolExecutor(
  max_workers=number_of_cpus) as group_link_processes:
    for i in range(urls.qsize()):
      group_link_processes.submit(group_urls_task, urls,
        result_dict, html_link_regex)
```

두 번째 실행기에 대한 코드 덩어리는 다음과 같다.

```
with concurrent.futures.ProcessPoolExecutor(
  max_workers=number_of_cpus) as crawler_link_processes:
    future_tasks = {crawler_link_processes.submit(crawl_task,
      url, html_link_regex):
      url for url in result_dict.keys()}
    for future in concurrent.futures.as_completed(
      future_tasks):
      result_dict[future.result()[0]] = future.result()[1]
```

 concurrent.futures를 이용한 multiprocess에 대한 멀티스레드 패러다임의 핵심은 어떤 면에서 더 단순하다는 점이다.

다음 스크린샷에서 process_pool_executor_web_crawler.py 프로그램의 결과를 확인할 수 있다.

```
yipman@foshan:~/Documents/prog_experiments/python/8397_05_1stDraft$ /opt/python
[Process-2] putting url [http://www.google.com] in dictionary...
[Process-3] putting url [http://br.bing.com/] in dictionary...
[Process-4] putting url [https://duckduckgo.com/] in dictionary...
[Process-5] putting url [https://github.com/] in dictionary...
[Process-2] putting url [http://br.search.yahoo.com/] in dictionary...
[Process-9] crawling url [http://www.google.com] ...
[Process-6] crawling url [http://br.search.yahoo.com/] ...
[Process-8] crawling url [http://br.bing.com/] ...
[Process-7] crawling url [https://duckduckgo.com/] ...
[Process-9] crawling url [https://github.com/] ...
[https://duckduckgo.com/] with links : [/about...
[http://br.search.yahoo.com/] with links : [https://br.yahoo.com/...
[http://www.google.com] with links : [http://www.google.com.br/imghp?hl=pt-BR&t
[http://br.bing.com/] with links : [/account/web?sh=5&amp;ru=%2f...
[https://github.com/] with links : [#start-of-content...
yipman@foshan:~/Documents/prog experiments/python/8397 05 1stDraft$
```

process_pool_executor_web_crawler.py의 결과

요약

5장에서는 프로세스에 관한 일반적인 개념을 살펴봤다. 피보나치 수열 항을 계산하고 병렬 방식인 웹 수집기를 위한 여러 프로세스 방식을 이용해 사례를 구현했다.

다음 6장에서는 파이썬의 내장 모듈이 아닌 패러렐 파이썬 모듈을 이용한 여러 프로세스를 살펴본다. 내부 프로세스 통신의 개념과 프로세스 간의 통신을 위한 파이프 사용 방법에 관해 배운다.

6

패러렐 파이썬 활용

5장에서 두 사례를 해결하기 위해 multiprocessing과 Process PoolExecutor
모듈을 사용하는 방법을 배웠다. 6장에서는 네임드 파이프^{named pipe}와 프로세
스로 병렬 태스크를 수행하는 패러렐 파이썬^{Parallel Python, PP}의 사용 방법을 제시
한다.

6장에서는 다음과 같은 주제를 다룬다.

- 프로세스 간 통신 이해

- PP 발견

- SMP 아키텍처에서 PP를 이용해 피보나치 수열 항 계산

- PP를 이용해 분산 웹 수집기 만들기

프로세스 간 통신 이해

프로세스 간 통신interprocess communication, IPC은 프로세스 사이에 정보를 교환할 수 있는 메커니즘으로 구성되어 있다.

IPC를 구현하는 여러 가지 방법이 있으며 일반적으로 선택한 실행 환경의 아키텍처에 의존한다. 예로, 프로세스가 동일한 머신에서 실행하는 곳일 경우, 공유 메모리, 메시지 큐, 파이프 같은 여러 통신 종류를 사용할 수 있다. 클러스터에서 프로세스가 물리적으로 분산된 경우, 예로 소켓과 원격 프로시저 호출Remote Procedure Call, RPC을 사용할 수 있다.

5장, 'multiprocessing과 ProcessPoolExecutor 모듈 사용'에서 프로세스 간의 일반 파이프 사용을 검증했다. 또한 공통 부모 프로세스를 갖는 프로세스 간의 통신을 살펴봤다. 하지만 가끔은 관계가 없는 프로세스(부모가 다른 프로세스) 사이에 통신을 수행할 필요가 있다. 관계가 없는 프로세스 간의 통신을 주소 공간을 통해 수행할 수 있는지 스스로 자문할 수 있다. 그렇지만 프로세스는 다른 프로세스의 주소 공간에 절대로 접근할 수 없다. 따라서 네임드 파이프라고 불리는 메커니즘을 사용해야 한다.

네임드 파이프 살펴보기

리눅스 같은 포식스POSIX 시스템 내부에서는 모든 것을 염두에 둬야 한다. 절대적으로 이 모든 것을 파일로 요약할 수 있다. 태스크를 수행할 때 파일이 어딘가 존재한다. 이 파일에 연결된 파일 디스크립터descriptor를 찾을 수 있으며, 이런 파일을 다룰 수 있다.

파일 디스크립터는 사용자 프로그램이 읽기/쓰기 연산을 위해 파일에 접근하도록 해주는 메커니즘이다. 보통 이 파일은 고유 파일 디스크립터로 참조된다. 이 파일 디스크립터에 관한 상세한 정보는 http://publib.boulder.ibm.com/infocenter/pseries/v5r3/index.jsp?topic=/com.ibm.aix.genprogc/doc/genprogc/fdescript.htm에서 찾을 수 있다.

네임드 파이프는 메커니즘이 아니지만, 구현하는 특정 파일과 관련된 파일 디스크립터 사용을 통한 IPC 통신은 허용한다. 예로, 데이터를 쓰고 읽기 위한 선입First-In, 선출First-Out, FIFO 구조를 들 수 있다. 네임드 파이프는 정보를 관리할 수 있는 방법으로 일반 파이프와 구분한다. 네임드 파이프는 파일 디스크립터와 파일 시스템의 특수한 파일을 사용하는 반면에 일반 파이프는 메모리에 생성된다.

파이썬으로 네임드 파이프 사용

파이썬으로 네임드 파이프를 사용하는 것은 꽤 간단하다. 단방향 통신을 수행하는 두 개 프로그램을 구현함으로써 입증한다. 이름이 `write_to_named.py`인 첫 번째 프로그램의 함수는 파이프에 22바이트짜리 메시지를 쓰고, 만들어진 문자열과 프로세스의 PID를 알린다. 두 번째 프로그램은 `read_from_named_pipe.py`라 부르며, 정보 읽기를 수행한 후 메시지 내용에 PID를 추가해 보여준다.

실행 마지막에서 `read_from_named_pipe.py` 프로세스가 I pid [〈The PID of reader process〉] received a message => Hello from pid [the PID of writer process]를 보여준다.

네임드 파이프에서 쓰기 프로세서와 읽기 프로세스 간의 상호의존성을 보여주기 위해 두 콘솔에서 읽기 프로그램과 쓰기 프로그램을 실행한다. 결과를 확인하기 전에 두 프로그램의 코드를 분석해보자.

네임드 파이프에 쓰기

파이썬에서 네임드 파이프는 시스템 콜^system call을 통해 구현된다. 다음 코드에서 라인 하나씩 살펴보며, `write_to_named_pipe.py`의 기능을 설명한다.

시스템 콜에 os 코드체로 수정 시작한다.

```
import os
```

코드에 따라 네임드 파이프와 메시지를 저장하는 특수 파일인 FIFO를 생성하는 __main__ 덩어리를 설명한다. __main__ 덩어리의 첫 번째 라인은 다음과 같이 네임드 파이프에게 제공하는 레이블을 정의한다.

```
named_pipe = "my_pipe"
```

그런 후에 네임드 파이프가 이미 있는지 검증한다. 이번 경우에는 없으므로 시스템 호출인 mkfifo로 다음과 같이 네임드 파이프를 생성한다.

```
if not os.path.exists(named_pipe):
    os.mkfifo(named_pipe)
```

mkfifo 콜은 네임드 파이프를 통해 쓰고 읽기 위한 FIFO 메커니즘을 구현한 특수 파일을 생성한다.

이제 write_message 함수를 named_pipe의 인자와 Hello from pid [%]에 전달한다. 이 함수는 인자로 받은 네임드 파이프가 관리하는 파일 안에 메시지를 작성한다. write_message 함수의 정의부를 다음과 같다.

```
def write_message(input_pipe, message):
```

```
fd = os.open(input_pipe, os.O_WRONLY)
os.write(fd, (message % str(os.getpid())))
os.close(fd)
```

이 함수의 첫 번째 줄에서 시스템 콜인 open을 호출했음을 알 수 있다. 성공한
이벤트에서 FIFO 파일에 데이터 쓰기와 읽기 관리를 허용하는 파일 디스크
립터를 반환한다. 플래그를 사용해 FIFO 파일의 열기 모드를 제어할 수 있음
에 주목하자. write_message 함수인 경우 네임드 파이프에 데이터를 쓰기만
할 수 있음이 흥미롭다. 다음 코드를 참조하자.

```
fd = os.open(input_pipe, os.O_WRONLY)
```

네임드 파이프를 성공적으로 연 후에, 쓰기 프로세스의 PID로 통지한 채널에
다음과 같이 메시지를 쓴다.

```
os.write(fd, (message % os.getpid()))
```

끝 부분에서 다음과 같이 close 콜을 사용해 통신 채널을 닫는 것이 중요하
다. 이런 식으로 통신과 컴퓨터 자원 해제를 수반한다.

```
os.close(fd)
```

네임드 파이프 읽기

네임드 파이프를 읽기 위해 read_from_pipe.py라고 하는 파이썬 프로그램을
구현하며, 네임드 파이프를 조작하기 위해 os 모듈을 사용한다. 프로세스를
활성화하는 메인 덩어리는 단순하다. 사용할 네임드 파이프에 레이블을 정의
한다. 이번에는 쓰기 프로그램에서 다음과 같이 네임드 파이프를 사용한다.

```
named_pipe = "my_pipe"
```

그런 후에 `write_to_named_pipe.py`가 썼던 내용을 읽는 `read_message` 함수를 호출한다. `read_message` 함수의 정의부를 다음과 같다.

```
def read_message(input_pipe):
    fd = os.open(input_pipe, os_RONLY)
    message = (
        "I pid [%d] received a message => %s"
            % (os.getpid(), os.read(fd, 22))
    os.close(fd)
    return message
```

`open` 콜은 설명할 필요가 없다. 이때 `read` 콜에서 새로운 부분은 바이트양의 읽기를 수행한다는 점이다. 우리의 경우, 주어진 파일 디스크립터라면 22바이트다. 이 함수는 메시지를 읽은 후에 반환한다. 끝 부분에서 통신 채널을 닫기 위해 `close` 콜을 반드시 실행해야 한다.

 열기 파일 디스크립터의 유효성을 검증했다. 사용자는 파일 디스크립터와 네임드 파이프 사용과 관련된 예외 상황 처리에 책임이 있다.

결과적으로 다음 스크린샷과 같이 `write_to_named_pipe`와 `read_named_pipe` 프로그램 실행 결과를 볼 수 있다.

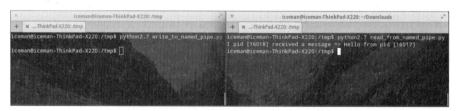

write_to_named_pipe.py와 read_named_pipe.py의 결과

PP 발견

앞 절에서 시스템 콜을 직접 사용해 프로세스 간 통신을 구축하는 저수준 메커니즘을 소개했다. 리눅스와 유닉스 환경에서 프로세스 간 통신을 문맥화할 때 필요하다. 이제부터는 로컬 프로세스뿐만 아니라 컴퓨터 네트워크를 통해 물리적으로 분산된 프로세스 간의 IPC를 구축하는 패러렐 파이썬 모듈, 즉 PP를 사용한다.

활용할 수 있는 PP 모듈 문서는 그리 많지 않다. PP의 API는 이 도구를 어떻게 사용하는지에 대한 폭넓은 개념을 제공한다. http://www.parallelpython.com/component/option에서 문서와 FAQ를 찾을 수 있으며, 간단하고 쉽다.

PP 사용으로 인한 가장 중요한 장점은 이 PP 모듈이 제공하는 추상화다. PP의 몇 가지 중요한 기능은 다음과 같다.

- 부하 분산을 개선하기 위해 프로세서 개수를 자동으로 감지
- 할당된 많은 프로세스를 실행 시간에 변경 가능
- 실행 시간에 부하 분산
- 네트워크를 통해 자원을 자동으로 발견auto-discovery

PP 모듈은 두 방식으로 병렬 코드 실행을 구현한다. 첫 번째 방식은 동일한 머신 안에 다중 프로세서/코어가 있는 SMP 아키텍처를 고려한다. 두 번째 대안은 네트워크에서 머신을 통해 태스크를 분산하고 구성한다. 따라서 클러스터 형태다. 두 경우에서는 추상화 호출을 받은 프로세스 간 정보를 교환하며, 파이프와 소켓 같은 자세한 사항을 걱정하지 않게 해준다. 인자와 함수를 통해 정보 교환을 간단하게 하고, 콜백을 사용해 반환한다. 다음 예제를 참조하자.

PP의 API에 Server라고 부르는 클래스가 있으며, 로컬과 원격 프로세스 사이의 태스크를 캡슐화하고 디스패치할 때 사용할 수 있다. Server 클래스의 초기자(_init_)에 몇 가지 중요한 인자가 있다. 가장 중요한 인자는 다음과 같다.

- ncpus: 태스크를 실행하는 작업자 프로세서 개수를 정의할 수 있는 인자다. 값을 주지 않으면 머신이 갖는 프로세서/코어가 얼마나 있는지 자동으로 감지한 후, 자원 사용을 최적화하기 위해 감지한 결과에 기반을 두고 작업자 프로세스의 총 개수를 만든다.

- ppservers: 이 인자는 병렬 파이썬 실행 서버Parrallel Python Execution Servers, PPES라고 불리는 머신의 이름이나 IP 주소를 포함한 튜플을 대표한다. PPES는 태스크 실행과 태스크 대기를 실행하는 ppserver.py. 유틸리티를 갖는 네트워크 머신으로 구성된다. 다른 인자도 있는데, http://www.parallelpython.com/content/view/15/30/에서 볼 수 있다.

Server 클래스의 인스턴스는 여러 메소드를 갖는다. 그중에서 다음과 같은 원형을 갖는 submit 메소드는 도착지로 태스크를 디스패치해준다.

```
submit(self, func, args=(), depfuncs=(), modules=(),
    callback=None, callbackargs=(), group='default',
        globals=None)
```

submit 메소드의 주요 인자 중에서 다음 파라미터를 강조할 수 있다.

- func: 로컬 프로세스나 원격 서버에서 실행하는 함수다.

- args: func 함수의 필수 인자를 실행하는 함수다.

- modules: 원격 코드나 프로세스가 func 실행을 위해 임포트해야 하는 모듈을 실행하는 함수다. 예로, tuple 모듈의 time 모듈을 사용하는 함수

를 디스패치한다면, modules=('time',)처럼 이 모듈 이름을 문자열로 전달해야 한다.

- callback: 나중에 사용할 함수다. func 인자로 디스패치한 함수의 프로세스 결과를 다룬다는 점에서 매우 흥미롭다. 디스패치한 함수의 결과를 콜백에게 인자로 보낸다.

다른 인자도 있는데, 다음 절의 코드를 분석하는 과정에서 살펴보겠다.

SMP 아키텍처에서 PP를 이용해 피보나치 수열 항 계산

실행에 옮길 때다! SMP 아키텍처에서 PP를 이용해 여러 입력으로 피보나치 수열을 구하는 사례를 살펴보자. 나는 2코어 프로세서와 4개 스레드로 무장한 노트북을 사용하고 있다.

구현하기 위해 두 모듈인 os와 pp만 임포트한다. 실행 중에 프로세스의 PID를 얻을 때만 os 모듈을 사용한다. 계산할 값이 들어 있는 리스트와 결과를 그룹화한 딕셔너리를 갖는데, 각각 input_list와 result_dict로 부른다.

```
import os, pp
input_list = [4, 3, 8, 6, 10]
result_dict = {}
```

그다음에는 병렬 프로세스가 실행하는 fibo_task라고 하는 함수를 정의한다. 이 함수는 Server 클래스의 submit 메소드에 넘기는 func 인자다. 이 함수는 5장과 관련해서 보면 인자에서 받은 값과 PID와 계산된 피보나치 항을 포함한 메시지를 캡슐화한 튜플을 사용해 지금 반환한다는 점을 빼고는 큰 변화가 없다. 다음 함수 전체를 살펴보자.

```
def fibo_task(value):
  a, b = 0, 1
  for item in range(value):
    a, b = b, a + b
  message = "the fibonacci calculated by pid %d was %d" \
    % (os.getpid(), a)
  return (value, message)
```

다음 단계에서 aggregate_result라고 하는 콜백 함수를 정의한다. fibo_task
함수가 실행 결과를 반환하자마자 콜백 함수를 호출한다. 구현은 아주 간단하
다. 상태 메시지만 보여주며, 나중에 fibo_dict 함수에 전달되는 키 값을 포함
한 result_dict에서 입력을 만든다. 결국에는 프로세스가 계산된 피보나치
항인 메시지를 반환한다. 다음 코드는 aggregate_results 함수의 전체 구현
부다.

```
def aggregate_results(result):
  print "Computing results with PID [%d]" % os.getpid()
result_dict[result[0]] = result[1]
```

이제, 정의한 두 함수를 갖고 있다. 태스크를 디스패치하기 위해 Server 클래
스의 인스턴스를 생성해야 한다. 다음 코드 라인은 Server의 인스턴스를 생성
한다.

```
job_server = pp.Server()
```

이전 예제에서는 인자에 대한 표준 값을 사용했다. 다음 절에서는 활용할 수
있는 몇몇 인자를 사용할 것이다.

이제 Server 클래스의 인스턴스를 가졌다. input_list의 각 값을 순환하면서 submit 호출을 통해 fibo_task 함수를 디스패치한다. args 튜플의 입력 값을 인자로 모듈에 전달하며, 이 함수를 올바르게 실행하기 위해서는 이 os 모듈을 임포트해야 한다. callback에 aggregate_results를 등록한다. 다음 코드 덩어리를 참조하자.

```
for item in input_list:
    job_server.submit(fibo_task, (item,), modules=('os',),
        callback=aggregate_results)
```

끝으로 디스패치한 모든 태스크를 기다려야 한다. 따라서 Server 클래스의 wait 메소드를 다음처럼 사용할 수 있다.

```
job_server.wait()
```

 실행한 함수의 반환을 얻기 위한 다른 방법은 콜백 함수를 사용하는 것이다. submit 메소드는 객체 타입인 pp._Task를 반환한다. pp._Task는 실행 완료 후의 실행 결과를 포함한다.

마지막 부분에서 다음과 같이 딕셔너리를 통해 출력 항목의 결과를 순환한다.

```
print "Main process PID [%d]" % os.getpid()
for key, value in result_dict.items():
    print "For input %d, %s" % (key, value)
```

프로그램의 출력은 다음과 같다.

fibonacci_pp_smp.py의 결과

PP를 이용해 분산 웹 수집기 만들기

로컬 프로세스를 디스패치하기 위해 PP를 이용해 코드를 병렬로 실행한다. 코드를 분산 방법으로 실행했는지 검증할 차례다. 이를 위해 다음 세 가지 머신을 사용한다.

- iceman-Thinkpad-X220: 우분투 13.10
- iceman-Q47OC-500P4C: 우분투 12.04 TLS
- asgard-desktop: 엘리멘트리[Elementary] OS

아이디어는 세 머신 목록에 PP를 사용해 실행을 디스패치하는 것이다. 이를 위해 웹 수집기 사례를 이용한다. `web_crawler_pp_cluster.py` 코드에서 `input_list`에 있는 통지 받은 각 URL를 갖고 실행하기 위해 로컬이나 원격 프로세스를 디스패치한다. 각 실행 마지막에서 콜백 함수는 URL과 찾은 첫 세 개 링크를 그룹화한다.

문제에 대한 해결책을 얻는 방법에 이해하기 위해 코드를 단계별로 분석해보자. 먼저 필요한 모듈을 임포트한 후에 사용하려는 데이터 구조체를 정의

96

한다. 이전 절에서처럼 input_list와 처리 최종 결과를 포함하는 딕셔너리를 생성한다. 다음 코드를 참조하자.

```
import os, re, requests, pp

url_list = ['http://www.google.com/','http://gizmodo.uol.com.br/',
  'https://github.com/', 'http://br.search.yahoo.com/',
  'http://www.python.org/','http://www.python.org/psf/']
result_dict = {}
```

지금 aggregate_results 함수를 다시 회수해 피보나치 항에 보여줬던 예제를 약간 변경한다. 딕셔너리에 삽입하는 메시지 형식만 유일하게 변경했으며, 실제로는 실행한 프로세스의 PID와 실행했던 곳의 호스트명, 찾은 첫 세 개의 링크를 포함한 튜플을 콜백으로 반환한다. 다음의 aggregate_results 함수를 참조하자.

```
def aggregate_results(result):
  print "Computing results in main process PID [%d]" %
    os.getpid()
  message = "PID %d in hostname [%s] the following links were "\
    "found: %s" % (result[2], result[3], result[1])
  result_dict[result[0]] = message
```

다음 단계는 Server 클래스의 인스턴스가 디스패치하는 crawl_task 함수 정의다. 이 함수는 5장에서 보여줬던 crawl_task 함수와 비슷하며, 인자로 받은 URL 안에 존재하는 링크 수집을 목표로 한다. 유일한 차이점은 튜플 반환이다. 다음 코드를 참조하자.

```
def crawl_task(url):
  html_link_regex = \
```

```
re.compile('<a\s(?:.*?\s)*?href=[\'"](.*?)[\'"].*?>')

request_data = requests.get(url)
links = html_link_regex.findall(request_data.text)[:3]
return (url, links, os.getpid(), os.uname()[1])
```

메인과 콜백 함수를 작성한 후에는 네트워크를 통해 머신에서 실행을 분산하기 위해 Server 클래스의 인스턴스를 생성해야 한다. 이를 위해 Server 클래스의 초기자에 있는 몇몇 인자로 작업한다. 첫 인자는 태스크를 실행하는 머신의 IP 주소나 호스트명이 들어 있는 튜플을 받는다. 이번 경우 로컬 머신에서 이전에 보여줬던 다른 두 머신에 통지한다. 튜플을 다음과 같이 정의하자.

```
ppservers = ("192.168.25.21", "192.168.25.9")
```

 통지하고 싶지 않지만 수신 태스크를 활용할 수 있는 머신을 자동으로 발견하길 원한다면 ppserver 튜플 안에 문자열인 *를 사용하라.

서버를 식별하는 튜플을 정의한 후, 다음과 같이 Server의 인스턴스를 생성한다.

```
job_dispatcher = pp.Server(ncpus=1, ppservers=ppservers,
  socket_timeout=60000)
```

이전 예제와 관련해 몇 가지 변경사항이 있음이 눈에 띈다. 먼저 ncpus 인자에 값 1을 전달한다. 이것은 PP로 단일 로컬 프로세스를 생성시키며, 필요하다면 원격 머신에 다른 태스크를 디스패치한다. 두 번째 인자는 이전 단계에서 생성했던 서버의 튜플을 정의한다. 마지막에는 통신에 사용하는 소켓에 대한 타임아웃을 오직 테스트 목적으로 한정해 꽤 높은 값으로 정의했다. 이 목표는 타임아웃으로 인한 채널 닫기를 피하는 것이다.

Server 클래스의 인스턴스를 생성한 후에는 실행하기 위한 함수를 디스패치할 차례다. 다음과 같이 각 URL을 순환하면서 submit 메소드에 해당 URL을 전달한다.

```
for url in url_list:
  job_dispatcher.submit(crawl_task, (url,),
    modules=('os', 're', 'requests',),
      callback=aggregate_results)
```

피보나치 수열을 계산했던 이전 예제와 관련한 중요한 변경사항은 실행하기 위해 필요한 모듈을 보낸다는 점이다.

 전달한 튜플 모듈에 PP 모듈이 왜 없는지 생각해야 한다. 단순하다. 임포트를 위한 PP 실행 환경을 이미 만들었기 때문이다. 아무튼 원격 노드에도 이렇게 해야 한다.

병렬과 분산 웹 수집기를 마무리하기 위해서는 결과를 보여주는 실행이 끝날 때까지 기다려야 한다.

끝난 후에는 다음과 같이 Server 클래스의 실행에 관한 몇 가지 흥미로운 통계를 보여주는 print_stats 메소드의 새로운 요소에 주목하자.

```
job_dispatcher.wait()

print "\nMain process PID [%d]\n" % os.getpid()
for key, value in result_dict.items():
  print "** For url %s, %s\n" % (key, value)
  job_dispatcher.print_stats()
```

이 프로그램을 실행하기 전에 원격 머신에서 ppserver.py 유틸리티를 초기화해야 한다. 이를 위해 여기에서 사용하는 명령어는 ppserver.py -a -d 이다. -a는 서버가 IP를 지정하지 않은 클라이언트를 찾는 자동 발견 옵션이고, 다른 인자인 -d는 서버의 활성도에 대한 정보를 보여주며, 로그를 이용해 수행한다.

다음과 같은 순서로 결과를 시각화하자.

- 먼저, 다음 스크린샷은 메인 노드에서 태스크를 생성하고 분산하는 단계를 보여준다.

```
iceman@iceman-ThinkPad-X220:~/Documentos/8307_06_pp_codes$ python2.7 web_crawler_pp_cluster.py
Computing results in main process PID [17027]
Computing results in main process PID [17027]
Computing results in main process PID [17027]
Computing results in main process PID [17027]
** For url http://gizmodo.uol.com.br/, PID 23639 in hostname [iceman-Q470C-500P4C] the following links were
found: [u'http://trivela.uol.com.br/', u'http://www.kotaku.com.br/', u'http://extratime.uol.com.br/']

** For url http://br.search.yahoo.com/, PID 23640 in hostname [iceman-Q470C-500P4C] the following links were
 found: [u'http://br.yahoo.com/', u'http://br.images.search.yahoo.com/search/images?&fr=brsfp2', u'http://br
.video.search.yahoo.com/video?&fr=sfp']

** For url http://www.google.com/, PID 17030 in hostname [iceman-ThinkPad-X220] the following links were fou
nd: [u'http://www.google.com.br/imghp?hl=pt-BR&tab=wi', u'http://maps.google.com.br/maps?hl=pt-BR&tab=wl', u
'https://play.google.com/?hl=pt-BR&tab=w8']

** For url https://github.com/, PID 19543 in hostname [asgard-desktop] the following links were found: [u'ht
tps://github.com/', u'/join', u'/login']

Job execution statistics:
 job count | % of all jobs | job time sum | time per job | job server
     2 |         50.00 |       1.8652 |     0.932602 | 192.168.25.21:60000
     1 |         25.00 |       0.6687 |     0.668653 | local
     1 |         25.00 |       1.6741 |     1.674122 | 192.168.25.9:60000
Time elapsed since server creation 2.13039803505
0 active tasks, 1 cores

None
iceman@iceman-ThinkPad-X220:~/Documentos/8307_06_pp_codes$
```

태스크를 생성한 후 분산

- 그다음에는 ppservers.py 서버를 초기화한 후에 다음 스크린샷과 같이 태스크를 실행한다(iceman-Q47OC-5004PC에서 ppserver.py의 결과와 asgard-desktop에서 ppserver.py의 결과).

- 이전의 스크린샷에서는 다른 도착지 사이에 분산된 태스크 양, 각 태스크 소요 시간과 각 도착지의 총 시간 같은 통계로 흥미로운 정보를 보여주는 부분이 눈에 띈다. 이전의 스크린샷과 또 다른 관련 사항은 메인 프

로세스에서 콜백 함수만 실행하고, 디스패치 중인 태스크에서 콜백 함수를 실행한다는 사실이다. 따라서 메인 노드에서 자원을 너무 많이 소비할 수도 있고, 콜백 태스크는 각 경우의 세부사항에 분명히 의존하기 때문에 콜백 태스크를 매우 무겁게 만들지 않도록 명심하는 것이 중요하다.

- 다음 그림은 iceman-Q47OC-500P4C에서 실행 중인 `opserver.py` 서버의 결과를 디버그 모드로 보여준다.

```
iceman@iceman-Q470C-500P4C:~$ ppserver.py -a -d
2014-02-11 10:49:54,487 - pp - INFO - Creating server instance (pp-1.6.4)
2014-02-11 10:49:54,487 - pp - INFO - Running on Python 2.7.3 linux2
2014-02-11 10:49:54,713 - pp - INFO - pp local server started with 4 workers
2014-02-11 10:49:54,713 - pp - DEBUG - Strarting network server interface=0.0.0.0 port=60000
2014-02-11 10:49:54,714 - pp - DEBUG - Listening (0.0.0.0, 60000)
2014-02-11 10:49:54,715 - pp - DEBUG - Server sends broadcast to (255.255.255.255, 60000)
2014-02-11 10:49:54,715 - pp - DEBUG - Discovered host (192.168.25.21, 60000) message=S
2014-02-11 10:49:56,426 - pp - DEBUG - Discovered host (192.168.25.9, 60000) message=S
2014-02-11 10:50:00,430 - pp - DEBUG - Control message received: STAT
2014-02-11 10:50:00,575 - pp - DEBUG - Control message received: EXEC
2014-02-11 10:50:00,625 - pp - DEBUG - Control message received: EXEC
2014-02-11 10:50:00,691 - pp - DEBUG - Control message received: EXEC
2014-02-11 10:50:00,775 - pp - DEBUG - Control message received: EXEC
2014-02-11 10:50:00,777 - pp - DEBUG - Task 0 inserted
2014-02-11 10:50:00,777 - pp - DEBUG - Task 1 inserted
2014-02-11 10:50:00,778 - pp - INFO - Task 0 started
2014-02-11 10:50:00,779 - pp - INFO - Task 1 started
2014-02-11 10:50:00,808 - pp - DEBUG - Control message received: EXEC
2014-02-11 10:50:00,878 - pp - DEBUG - Control message received: EXEC
2014-02-11 10:50:00,942 - pp - DEBUG - Control message received: EXEC
2014-02-11 10:50:01,013 - pp - DEBUG - Control message received: EXEC
2014-02-11 10:50:01,514 - pp - DEBUG - Task 0 ended
2014-02-11 10:50:01,911 - pp - DEBUG - Task 1 ended
2014-02-11 10:50:04,723 - pp - DEBUG - Server sends broadcast to (255.255.255.255, 60000)
2014-02-11 10:50:04,723 - pp - DEBUG - Discovered host (192.168.25.21, 60000) message=S
2014-02-11 10:50:06,506 - pp - DEBUG - Discovered host (192.168.25.9, 60000) message=S
^C2014-02-11 10:50:12,731 - pp - DEBUG - Closing server socket
iceman@iceman-Q470C-500P4C:~$
```

iceman-Q470C-500P4C에서 ppserver.py의 결과

- 다음 스크린샷은 호스트인 asgard-desktop에서 실행 중인 `opserver.py` 서버의 결과를 디버그 모드로 보여준다.

```
2014-02-11 10:50:02,701 - pp - DEBUG - Closing client socket
DEBUG:pp:Closing client socket
2014-02-11 10:50:02,702 - pp - DEBUG - Closing client socket
DEBUG:pp:Closing client socket
2014-02-11 10:50:02,702 - pp - DEBUG - Closing client socket
DEBUG:pp:Closing client socket
2014-02-11 10:50:02,702 - pp - DEBUG - Closing client socket
DEBUG:pp:Closing client socket
2014-02-11 10:50:06,527 - pp - DEBUG - Server sends broadcast to (255.255.255.255, 60000)
DEBUG:pp:Server sends broadcast to (255.255.255.255, 60000)
2014-02-11 10:50:06,527 - pp - DEBUG - Discovered host (192.168.25.9, 60000) message=S
DEBUG:pp:Discovered host (192.168.25.9, 60000) message=S
2014-02-11 10:50:16,537 - pp - DEBUG - Server sends broadcast to (255.255.255.255, 60000)
DEBUG:pp:Server sends broadcast to (255.255.255.255, 60000)
2014-02-11 10:50:16,538 - pp - DEBUG - Discovered host (192.168.25.9, 60000) message=S
DEBUG:pp:Discovered host (192.168.25.9, 60000) message=S
^C2014-02-11 10:50:19,609 - pp - DEBUG - Closing server socket
DEBUG:pp:Closing server socket
iceman@asgard-desktop:~$
```

asgard-desktop에서 ppserver.py의 결과

요약

아무런 관계가 없는 프로세스 간의 통신을 구축하는 저수준 자원 사용법을 공부했을 뿐만 아니라 분산된 프로세스를 포함한 로컬 프로세스 간 통신 추상화에 도움이 되는 PP 모듈 사용법을 살펴봤다. PP는 간단하고 작아서 병렬과 분산 파이썬 애플리케이션을 구축하기에 편리한 도구다.

다음 7장에서는 병렬과 분산 방법으로 태스크를 실행하기 위한 셀러리라고 부르는 모듈 사용 방법을 배운다.

7

셀러리를 이용한
태스크 분산

6장에서는 패러렐 파이썬을 사용하는 방법을 배웠다. 패러렐 파이썬 모듈을
이용한 피보나치 수열과 웹 수집기를 포함한 사례 구현을 해봤다. 또한 파이
프를 사용해 프로세스 사이에 통신을 구축하는 방법과 네트워크에서 다른 머
신 사이에 프로세스를 분산하는 방법을 배웠다. 7장에서는 네트워크에서 셀
러리 프레임워크를 사용해 다른 머신 사이에 태스크를 분산하는 방법을 살펴
본다.

7장에서는 다음과 같은 주제를 다룬다.

- 셀러리 이해

- 셀러리 아키텍처 이해

- 환경 설정

- 간단한 태스크 디스패치

- 셀러리로 피보나치 수열 항 얻기

- 셀러리를 이용해 분산 웹 수집기 만들기

셀러리 이해

셀러리는 분산 시스템을 생성하는 동안에 어려움을 줄여주는 메커니즘을 제공하는 프레임워크다. 셀러리 프레임워크는 네트워크로 서로 연결되는 머신 사이 또는 로컬 작업자 사이에 메시지를 교환함으로써 작업 단위(태스크)를 분산하는 개념으로 작동한다. 태스크는 셀러리의 핵심 개념이며, 분산해야 하는 어떠한 작업을 태스크에 미리 캡슐화해야 한다.

왜 셀러리를 사용하는가

몇 가지 긍정적인 점을 나열함으로써 셀러리 사용을 정당화할 수 있다.

- 인터넷에서 퍼진 작업자 사이나 로컬 작업자들에게 투명한 방법으로 태스크를 분산한다.
- 설정을 통해 작업자의 동시성을 간단한 방법으로 변경한다(프로세스, 스레드, 게벤트^{Gevent}, 이벤트렛^{Eventlet}).
- 동기식, 비동기식, 주기식, 태스크 스케줄링을 지원한다.
- 오류가 났을 때 태스크를 다시 실행한다.

몇몇 개발자가 비동기 태스크는 실시간 태스크와 동일하다고 주장하는 이야기는 흔하다. 개념이 전반적으로 차이가 나기 때문에 헷갈릴 필요가 없다. 실시간 태스크인 경우 이 태스크는 실행돼야 하는 제한된 시간 구간을 갖는다. 이런 경우가 발생하지 않는다면 태스크가 중단되거나 다음에 실행하기 위해 중지된다. 반면에 비동기 태스크는 수행 즉시 결과를 반환한다.

셀러리 아키텍처 이해

셀러리는 끼울 수 있는 컴포넌트와 선택된 메시지 전송^message transport(브로커 broke)에 따라 프로토콜을 사용하는 메시지 교환 메커니즘에 기반을 둔 아키텍처를 갖는다. 다음 그림을 보자.

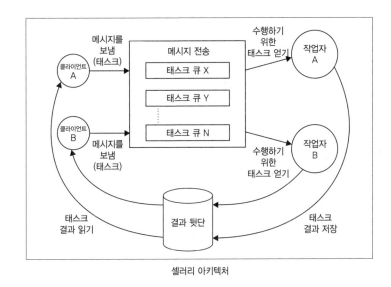

셀러리 아키텍처

이제, 셀러리 아키텍처 내부의 각 항목을 자세하게 살펴보자.

태스크로 작업

앞의 그림에서 보여준 클라이언트 컴포넌트는 태스크를 생성하고 브로커에 디스패치하는 기능을 갖는다.

우선은 앱^app이라고 부르는 셀러리 애플리케이션의 인스턴스를 통해 접근 가능한 @app.task 데코레이터^decorator를 사용해 태스크 정의를 보여주는 코드 예제를 분석해보자. 다음 코드 예제는 간단한 Hello World 앱을 보여준다.

```
@app.task
def hello_world():
    return "Hello I'm a celery task"
```

 모든 호출 가능한(callable) 것은 태스크가 될 수 있다.

전에 언급했듯이 태스크 타입에는 여러 가지가 있는데 동기식, 비동기식, 주기식, 스케줄링 상태다. 태스크 호출을 수행하면 AysncResult 타입의 인스턴스를 반환한다. AysncResult 객체는 태스크 상태가 끝났는지 아니면 분명히 있는지 점검한 후에 존재하면 반환하는 객체다. 하지만 이 메커니즘을 사용하려면 나중에 설명할 다른 컴포넌트인 결과 뒷단^{result backend}을 활성화해야 한다. 태스크를 디스패치하려면 태스크의 다음 방법 중 일부를 사용해야 한다.

- delay(arg, kwarg=value): apply_async 메소드를 호출하는 간단한 방법이다.

- apply_async((arg,), {'kwarg': value}): 태스크 실행을 위한 관심 파라미터 계열 설정을 허용하며, 일부는 다음과 같다.

  - cutdown: 태스크 실행을 시작하도록 미래에 사용할 수 있는 초 단위의 경과 시간^{number of seconds}을 나타낸다.

  - expires: 특정 태스크가 더 이상 실행되지 않은 후의 시간 또는 날짜 주기를 나타낸다.

  - retry: 태스크 연결이나 전송에 실패했을 경우 이 파라미터를 다시 보낸다.

  - queue: 참조돼야 하는 태스크가 있는 라인이다.

- serializer: 디스크에 태스크를 직렬화하는 데이터 포맷을 나타내며, 예로 json, yaml 등 여러 가지가 있다.
- link: 보냈던 태스크를 성공적으로 실행했을 경우에 실행될 하나 이상의 태스크 링크다.
- link_error: 태스크 실행 과정에서 실패할 경우에 실행될 하나 이상의 태스크 링크다.

- apply((arg,), {'kwarg': value}): 로컬 프로세스에서 비동기식으로 태스크를 실행한다. 따라서 결과를 준비할 때까지 봉쇄한다.

 셀러리는 태스크 상태를 수반하는 메커니즘도 제공하며, 처리 실제 상태를 추적하고 보여줄 때 아주 유용하다. 기본 태스크 상태에 관한 상세한 정보는 http://celery. readthedocs.org/en/latest/reference/celery.states.html에서 볼 수 있다.

메시지 전송(브로커) 발견

브로커는 셀러리에서 분명한 핵심 컴포넌트다. 브로커를 통해 메시지를 주고받으며, 작업자와 통신한다. 셀러리는 수많은 브로커를 지원한다. 하지만 일부 브로커에는 셀러리 메커니즘을 모두 구현하지 않는다. 기능 면에서 가장 완전한 것은 래빗엠큐^{RabbitMQ}와 레디스^{Redis}다. 이 책에서는 브로커뿐만 아니라 결과 뒷단으로서 레디스를 사용한다. 브로커는 태스크를 보내고 작업자가 태스크를 실행하는 클라이언트 애플리케이션 간의 통신 수단을 제공하는 기능을 갖는다. 태스크 큐를 이용해 수행할 수 있다. 작업자가 소비하는 메시지를 수신하기 위해 기다리는 브로커가 있는 여러 네트워크 머신을 가질 수 있다.

작업자 이해

작업자는 수신한 태스크를 실행하는 역할을 담당한다. 셀러리는 작업자 동작을 제어하는 최적의 방법을 찾기 위한 일련 메커니즘을 제공한다. 이 메커니즘을 다음과 같이 정의할 수 있다.

- 동시성 모드: 작업자가 수행하는 모드로 프로세스, 스레드, 이벤트렛, 게벤트가 있다.

- 원격 모드: 이 메커니즘을 사용하면, 작업자의 실행 시간을 포함해 동작 변경에 목적을 둔 최우선 순위 큐를 통해 특정 작업자나 작업자 목록에 직접 메시지를 전달할 수 있다.

- 태스크 취소: 이 메커니즘을 사용하면 하나 이상의 작업자에게 하나 또는 여러 태스크 실행을 무시하라고 명령할 수 있다.

더 많은 기능을 설정할 수 있고 심지어 필요하다면 변경할 수 있다. 예로 작업자가 대부분의 시간을 소비하는 큐에서 일정한 시간마다 작업자가 실행하는 태스크 수 등을 들 수 있다. 작업자에 관한 상세한 정보는 http://docs.celeryproject.org/en/latest/userguide/workers.html#remote-control 에서 볼 수 있다.

결과 뒷단 이해

결과 뒷단 컴포넌트는 태스크의 상태와 결과를 저장하고, 클라이언트 애플리케이션에 반환하는 역할을 한다. 셀러리가 지원하는 결과 뒷단 중에서 특히 래빗엠큐, 레디스, 몽고디비^{MongoDB}, 멤캐시드^{Memcached}는 최고라고 할 수 있다. 전에 각 결과 뒷단의 장단점을 나열했다. 자세한 정보는 http://docs.celeryproject.org/en/latest/userguide/tasks.html#task-result-backends를 참고하자.

이제 셀러리의 아키텍처와 컴포넌트 개념을 파악했다. 자, 사례 연구를 구현할 때 사용할 개발 환경을 설정해보자.

환경 설정

이 절에서 리눅스에 두 머신을 설정한다. 호스트명이 foshan인 첫 번째 머신은 클라이언트 역할을 하며, 셀러리 앱이 실행할 태스크를 이 머신에 디스패치한다. 호스트 이름이 Phonix인 다른 머신은 브로커, 결과 뒷단, 작업자가 소비하는 큐의 역할을 수행한다.

클라이언트 머신 설정

클라이언트 머신 설정부터 시작하자. 파이브인브^{pyvenv}를 이용해 파이썬 3.3이 있는 가상 환경을 설정한다. 파이브인브의 목표는 운영체제에 있는 파이썬을 추가 모듈로 오염시키는 것이 아니라 각 프로젝트에 필요한 개발 환경을 분리하는 것에 있다. 가상 환경을 생성하기 위해 다음 명령어를 실행한다.

```
$pyvenv celery_env
```

앞 줄은 celery_env라고 하는 디렉터리를 현재 경로에서 생성하며, 파이썬에서 개발 환경을 분리하기 위해 필요한 모든 구조를 포함한다. 다음 그림은 celery_env 디렉터리에서 생성했던 구조를 보여준다.

```
:: ~ yipman@foshan: ~/documents/parallel_programming_with_python/celery_env
yipman@foshan:~/documents/parallel_programming_with_python/celery_env$ ls
bin  include  lib  pyvenv.cfg
yipman@foshan:~/documents/parallel_programming_with_python/celery_env$ 
```

가상 파이썬 환경 구조

가상 환경을 생성한 후에 작업을 시작할 수 있으며 사용할 패키지를 설치한다. 하지만 우선 활성화부터 해야 한다. 이를 위해 celery_env의 루트에서 다음 명령어를 실행한다.

```
$source bin/activate
```

프롬프트 왼쪽의 celery_env처럼 명령어 프롬프트가 바뀌며, 지금 활성화된 환경에 있음을 나타낸다.

패키지와 파이썬 설치에 관련된 모든 작업은 해당 디렉터리에서 변화가 나타나지만 시스템에서는 아니다.

 --system-site-package 플래그를 사용하면, 시스템에 설치된 파이썬에 있는 사이트 패키지에 접근하는 가상 환경을 생성할 수 있지만 권장하지 않는다.

이제 가상 환경을 마련했으며 이미 설치했던 setuptools 또는 pip가 있는 곳부터 시작한다. 클라이언트에 필요한 패키지를 설치한다. 다음 명령어로 셀러리 프레임워크를 설치해보자.

```
$pip install celery
```

다음 스크린샷은 설치한 프레임워크 v.3.1.9를 보여준다.

```
Python 3.3.5 (default, Mar 13 2014, 16:33:47)
[GCC 4.7.2] on linux
Type "help", "copyright", "credits" or "license" for more information.
>>> import celery
>>> celery.VERSION
version_info_t(major=3, minor=1, micro=9, releaselevel='', serial='')
>>>
```

셀러리 프레임워크

클라이언트가 브로커를 통해 메시지를 전송하기 위해서 지금 셀러리에 레디스를 지원하는 번들을 설치해야 한다.

```
$pip install celery[redis]
```

이제 클라이언트의 인프라스트럭처를 완전히 갖췄다. 코딩하기 전에 브로커와 작업자가 존재하는 서버를 설정해야 한다.

서버 머신 설정

서버 머신을 설정하려면 먼저 브로커와 결과 뒷단이 될 레디스부터 설치해야 한다. 다음 명령어를 사용해 설치한다.

```
$sudo apt-get install redis-server
```

레디스를 시작하려면 다음 명령어로 실행하면 된다.

```
$redis-server
```

성공했다면 다음 스크린샷과 비슷한 결과가 나타난다.

실행 중인 레디스 서버

간단한 태스크 디스패치

지금까지 환경을 준비했다. 값의 제곱근을 계산하는 태스크를 보낸 후에 결과를 반환하는 테스트를 해보자.

먼저 서버 안에 태스크 모듈인 task.py를 정의해야 한다. tasks.py 모듈 설명을 확인하자. 다음 코드 덩어리에 제곱근 계산을 하는 함수에 필요한 임포트가 있다.

```
from math import sqrt
from celery import Celery
```

이제 셀러리의 클라이언트 애플리케이션을 대표하는 인스턴스를 생성하자.

```
app = Celery('tasks', broker='redis://192.168.25.21:6379/0')
```

애플리케이션의 일부 측면을 제어하는 셀러리의 인스턴스를 생성했다. 초기자에 주목하자. 태스크의 정의부인 모듈 이름을 통지했고, 두 번째 인자를 브로커의 주소로 명시했다.

그다음에는 다음과 같이 레디스가 될 결과 뒷단을 설정해야 한다.

```
app.conf.CELERY_RESULT_BACKEND = 'redis://192.168.25.21:6379/0'
```

기본이 준비됐으니 데코레이터인 @app.task로 태스크를 정의하자.

```
@app.task
def square_root(value):
  return sqrt(value)
```

이 시점에서 정의했던 task.py 모듈이 있으므로, 레디스와 셀러리(레디스 지원)를 설치한 서버 안의 작업자를 초기화해야 한다. 이번에는 구성을 유지하기 위해 디렉터리를 따로 생성했다. 이 디렉터리를 8397_07_broker로 부른다. 이 디렉터리에 task.py 모듈을 복사한 후, 이 디렉터리에서 다음 명령어를 실행해야 한다.

```
$celery -A tasks worker --loglevel=INFO
```

앞 명령어는 셀러리 서버를 초기화한 후, 정의된 셀러리 애플리케이션의 인스턴스에 -A 파라미터로 태스크의 구현부를 통지한다. 다음 스크린샷은 초기화한 셀러리 애플리케이션 부분을 서버와 함께 보여준다.

```
(8397_07_broker) iceman@phoenix:~/8397_07_broker$ celery -A tasks worker --loglevel=info

 -------------- celery@phoenix v3.1.9 (Cipater)
---- **** -----
--- * ***  * -- Linux-3.8.0-37-generic-x86_64-with-debian-wheezy-sid
-- * - **** ---
- ** ---------- [config]
- ** ---------- .> app:         tasks:0x7f318a8c2d50
- ** ---------- .> transport:   redis://192.168.25.21:6379/0
- ** ---------- .> results:     redis://192.168.25.21:6379/0
- *** --- * --- .> concurrency: 4 (prefork)
-- ******* ----
--- ***** ----- [queues]
 -------------- .> celery           exchange=celery(direct) key=celery


[tasks]
  . tasks.sqrt_task

[2014-03-17 16:06:34,867: INFO/MainProcess] Connected to redis://192.168.25.21:6379/0
[2014-03-17 16:06:34,880: INFO/MainProcess] mingle: searching for neighbors
[2014-03-17 16:06:35,894: INFO/MainProcess] mingle: all alone
[2014-03-17 16:06:35,914: WARNING/MainProcess] celery@phoenix ready.
```

셀러리 서버단 시작

지금 태스크 수신을 기다리고 작업자에 태스크를 보내는 서버를 갖췄다. 다음 단계에서는 태스크를 호출하는 클라이언트단에 애플리케이션을 생성한다.

 다음 절에는 이전에 생성했던 구조를 사용하기 때문에 이 단계를 건너뛰지 않는 것이 중요하다.

클라이언트를 나타내는 머신에서 가상 환경인 celery_env를 이미 설정했음을 기억하는가? 단계별로 `task_dispatcher.py` 모듈 생성하는 것은 다음과 같이 간단하다.

1. 프로그램 실행 정보를 나타내기 위한 `logging` 모듈과 `celery` 모듈 내부의 Celerly 클래스를 다음과 같이 임포트한다.

```
import logging
from celery import Celery
```

2. 다음 단계에서는 서버단에서 했던 것처럼 태스크를 포함한 모듈을 통지하는 Celery 클래스의 인스턴스를 생성한다. 코드는 다음과 같다.

```
#logger configuration...
app = Celery('tasks',
  broker='redis://192.168.25.21:6379/0')
app.conf.CELERY_RESULT_BACKEND =
  'redis://192.168.25.21:6397/0'
```

 셀러리 인스턴스 초기화에 결과 뒷단을 직접 설정해야 했다. 하지만 실험하는 동안에는 프레임워크가 이 설정을 무시했다.

셀러리 앱을 설정하는 더 명쾌한 방법이 있는데, 명령행에서 파이썬 모듈을 생성하고 삽입하는 것이다. 예제의 간결함을 유지하기 위해 코드에 직접 사용할 것이다.

다음 절에서 태스크 호출을 구현하는 모듈을 재사용할 예정이므로 `sqrt_task(value)` 태스크 전송을 캡슐화하는 함수를 생성하자. 다음과 같이 `manage_sqrt_task(value)` 함수를 생성한다.

```
def manage_sqrt_task(value):
  result = app.send_task('tasks.sqrt_task', args=(value,))
  logging.info(result.get())
```

앞 덩어리에서 클라이언트 애플리케이션이 서버단의 구현부를 인식할 필요가 없다는 점에 주목할 수 있다. Celery 클래스 내부에 있는 send_task를 쓰면, <module.task> 포맷의 문자열과 튜플 포맷의 인자만 전달해 태스크를 호출할 수 있다. 마지막으로 로그에 결과를 보여준다.

__main__ 블록에서 입력 값을 4로 전달해 manage_sqrt_task(value) 함수 호출을 실행한다.

```
if __name__ == '__main__':
  manage_sqrt_task(4)
```

다음 스크린샷은 task_dispatcher.py 파일 실행 결과를 보여준다.

```
INFO/MainProcess] Received task: tasks.sqrt_task[54b604c6-93fb-49f2-be55-0f0891a04252]
INFO/MainProcess] Task tasks.sqrt_task[54b604c6-93fb-49f2-be55-0f0891a04252] succeeded in 0.
```

셀러리 서버에서 sqrt_task 전송

클라이언트단에서 send_task()가 반환한 AsysncResult 인스턴스에 실린 get() 메소드 호출을 통해 결과를 얻을 수 있다. 다음 스크린샷에서 결과를 확인할 수 있다.

```
(celery_env) yipman@foshan:~/Documents/parallel_programming_with_python/celery_env$ python task_dispatcher.py
2014-03-20 13:17:22,587 - 2.0
```

클라이언트단의 sqrt_task 결과

셀러리로 피보나치 수열 항 얻기

n번째 피보나치 항을 계산하기 위해 여러 입력을 분산한 후에 각 항을 분산 방식으로 얻기를 다시 해보자. 6장과 관련된 피보나치를 계산하는 함수를 약

간 변경한다. 지금은 @app.task 데코레이터가 있고 메시지 반환 부분에 사소한 변경이 있다.

셀러리 실행을 중지(Ctrl + C)한 후, 브로커도 있는 서버의 task.py 모듈(이전에 생성했던)에 fibo_task 태스크를 추가한다. 다음 코드를 사용해 수행한다.

```
@app.task
def fibo_task(value):
  a, b = 0,1
  for item in range(value):
    a, b = b, a + b
  message = "The Fibonacci calculated with task id %s" \
    " was %d" % (fibo_task.request.id, a)
  return[이3] (value, message)
```

눈여겨볼 부분은 <task.request.id> 호출로 해당 태스크의 ID를 얻는다는 점이다. request 객체는 task 클래스의 객체며 태스크 실행하기 위한 문맥을 제공한다. 문맥은 태스크의 ID 같은 정보를 제공한다.

tasks.py 모듈에 새로운 태스크를 추가한 후에 셀러리를 다시 초기화하자. 결과는 다음과 같다.

```
_ ** ---------- [config]
_ ** ---------- .> app:         tasks:0x7f68de79ff10
_ ** ---------- .> transport:   redis://192.168.25.21:6379/0
_ ** ---------- .> results:     redis://192.168.25.21:6379/0
_ *** --- * --- .> concurrency: 4 (prefork)
_ ******* ----
--- ***** ----- [queues]
-------------- .> celery       exchange=celery(direct) key=celery


[tasks]
 . tasks.fibo_task
 . tasks.sqrt_task
```

적재한 fibo_task

116

지금 셀러리 서버에 fibo_task를 적재했으며, 클라이언트단에서 이 함수를 호출하는 부분을 구현한다.

클라이언트 머신에 적재한 task_dispatcher.py 모듈에서는 테스트하기 위해 input_list를 다음과 같이 선언한다.

```
input_list = [4, 3, 8, 6, 10]
```

이전 절에 생성했던 sqrt_task 태스크처럼, __main__ 블록을 어지럽힐 필요 없이 호출을 구성하는 메소드를 호출한다. 이 함수의 이름을 manage_fibo_task로 한다. 다음 구현부를 확인하자.

```
def manage_fibo_task(value_list):
  async_result_dict = {x: app.send_task('tasks.fibo_task',
    args=(x,)) for x in value_list}

  for key, value in async_result_dict.items():
    logger.info("Value [%d] -> %s" % (key, value.get()[1]))
```

manage_fibo_task 함수에서 async_result_dict이라고 하는 딕셔너리를 생성했으며, 키 값의 동일한 쌍을 채운다. key는 피보나치의 몇 번째일지도 모르는 항을 얻기 위한 인자로 전달하는 항목이고, value는 send_task 메소드를 호출해 반환한 AsyncResult의 인스턴스다.

마지막으로 딕셔너리를 순환하면서 입력 값과 피보나치의 몇 번째일지도 모를 얻은 항을 보여준다. AsyncResult 클래스의 get() 함수는 처리 결과를 얻게 해준다.

아직까지 처리하는 중이라면 get() 함수가 결과를 즉시 반환하지 못할 가능성에 주목할 필요가 있다. 클라이언트단에서 get() 메소드를 호출한다. 호출한 후 들어오는 처리를 블록할 수 있다. 결과를 얻을 준비가 됐는지 확인을 허가하는 ready() 메소드와 결합하는 것은 좋은 생각이다.

그런 이유로 결과를 보여주는 반복문은 다음 코드와 비슷할 수 있다.

```
for key, value in async_result_dict.items():
  if value.ready():
    logger.info("Value [%d] -> %s" % (key,
      value.get()[1]))
  else:
    logger.info("Task [%s] is not ready" % value.task_id)
```

실행되는 태스크 타입에 따라 달라지므로 결과에서 지연을 고려할 수도 있다. 그러므로 상태 반환을 고려하지 않은 get()을 호출해 get() 함수를 호출했던 곳인 코드 실행 지점을 블록할 수 있다. 이를 해결하기 위해서는 timeout이라고 하는 인자를 get(timeout=x) 메소드에 정의해야 한다. 그래서 무기한으로 지속적인 실행에 영향을 주는 블록킹을 최소화한다면 결과 반환에 관한 문제를 일으키는 태스크를 막을 수 있다.

마지막으로 input_list에 인자로 전달하는 manage_fibo_task 함수를 호출하는 부분을 추가한다. 코드는 다음과 같다.

```
if __name__ == '__main__':
  #manage_sqrt_task(4)
  manage_fibo_task(input_list)
```

task_dispatcher.py에 있는 코드를 실행해 다음과 같이 옆에 서버 결과를 시각화할 수 있다.

fibo_task에 대한 서버단

클라이언트단에서 다음과 같은 결과를 얻는다.

fibo_task에 대한 클라이언트단

태스크 타입으로 큐 정의

구현했던 피보나치 계산을 전담하는 태스크가 작동하는 중이라면 모든 태스크를 셀러리의 기본 큐에 보내고 있음을 볼 수 있다. 하지만 태스크를 다른 큐로 보내는 방식이 있다. 서버단의 아키텍처를 개선해 클라이언트단의 라우팅 태스크로 알려진 방법을 구현해보자. 태스크의 각 타입에 대한 큐를 설정한다.

서버단에서 셀러리 서버를 시작하는 순간에 세 가지 다른 큐를 구축한다. 지금 작업자가 소비하는 이런 큐를 볼 수 있다. 이 큐는 피보나치 태스크를 위한 fibo_queue, 제곱근 태스크를 위한 sqrt_queue, 웹 수집기 태스크를 위한 webcrawler_queue다. 그렇다면 태스크 흐름을 분리함에 따른 장점은 무엇일까? 다음의 장점을 살펴보자.

- 쉽게 모니터링하기 위해 같은 타입의 태스크를 그룹화한다.

- 작업자가 특정 큐 소비에 전념하도록 정의하므로 이에 따라 성능을 개선한다.

- 우수한 성능을 갖춘 머신에 할당된 브로커에 무거운 태스크가 있는 큐를 배포한다.

 장점들은 이 책에서 설명하지 않지만, 셀러리 서버를 초기화해 부하 분산할 수 있고 심지어 네트워크에서 전용 큐로 브로커를 분산할 수 있다. 셀러리를 이용한 클러스터 방식을 시도해보길 권장한다

서버에서 큐를 설정하려면 다음 명령어로 셀러리를 초기화하면 된다.

$celery -A tasks -Q sqrt_queue,fibo_queue,webcrawler_queue worker --loglevel=info

다음 스크린샷은 서버에서 활성 중인 파일을 보여준다.

```
[queues]
.> fibo_queue          exchange=fibo_queue(direct) key=fibo_queue
.> sqrt_queue          exchange=sqrt_queue(direct) key=sqrt_queue
.> webcrawler_queue exchange=webcrawler_queue(direct) key=webcrawler_queue
```

셀러리 서버의 서로 다른 큐

다음 예제로 가기 전에 큐에 기존 태스크를 전송했던 것의 경로를 설정해보자. 서버단의 task_dispatcher.py 모듈에서 태스크를 다음 차례에 디스패치하기 위해 send_task 호출을 변경한다. 그러면 별도 큐에 바로 보내진다. 다음과 같이 sqrt_task 호출을 변경한다.

```
app.send_task('tasks.sqrt_task', args=(value,),
  queue='sqrt_queue', routing_key='sqrt_q ueue')
```

120

그런 후에 다음과 같이 fibo_task 호출을 변경한다.

```
app.send_task('tasks.fibo_task', args=(x,), queue='fibo_queue',
  routing_key='fibo_queue')
```

 큐 모니터링에 관심이 있다면 큐에 기록된 태스크양과 다른 사항을 확인해야 한다. 셀러리 문서는 http://celery.readthedocs.org/en/latest/userguide/monitoring.html에서 풍부한 정보를 제공한다. 아무튼 레디스를 사용하는 중이라면 자체 유틸리티인 redis-cli는 도구가 될 수 있다. 큐, 태스크와 마찬가지로 작업자를 모니터링하고 조정할 수 있다. 자세한 정보는 http://celery.readthedocs.org/en/latest/userguide/monitoring.html#workers에서 볼 수 있다.

셀러리를 이용해 분산 웹 수집기 만들기

이제는 웹 수집기에 셀러리를 적용할 차례다. 이미 웹 타입인 hcrawler 캡슐화를 전담하는 webcrawler_queue를 갖췄다. 하지만 서버단에서 task.py 모듈 안에 crawl_task를 생성할 것이다.

먼저 각각 정규 표현식 모듈과 HTTP 라이브러리 모듈인 re와 requests 모듈을 임포트해 추가한다. 코드는 다음과 같다.

```
import re
import requests
```

그다음에는 이전 장에 공부했던 정규 표현식을 다음과 같이 정의한다.

```
html[RU4]_link_regex = re.compile(
  '<a\s(?:.*?\s)*?href=[\'"](.*?)[\'"].*?>')
```

다음과 같이 crawl_task 함수를 웹 수집기에 배치하고, @app.task를 추가한 후에 약간의 메시지를 반환한다.

```
@app.task
def crawl_task(url):
  request_data = requests.get(url)
  links = html_link_regex.findall(request_data.text)
  message = "The task %s found the following links %s.."\
  return message
```

찾은 링크 목록은 다음 스크린샷과 꼭 일치하지 않음을 유의하자.

셀러리 서버에 추가한 crawl_task

그러면 셀러리를 다시 올려서 살펴보자. 이 시점에서 새로운 태스크를 적재했으니, task_dispatcher.py 모듈의 클라이언트 단에 crawl_task라고 하는 태스크를 구현할 때다.

먼저 데이터 입력이 될 링크 목록이 필요하므로 url_list를 호출한다. 이렇게 하기 위한 코드는 다음과 같다.

```
url_list = ['http://www.google.com',
  'http://br.bing.com',
  'ttp://github.com',
  'http://br.search.yahoo.com']
```

다른 태스크에서 했던 것처럼 __main__ 블록을 구성하기 위해 crawl_task의 로직을 포함하는 manage_crawl 함수를 생성한다. 코드는 다음과 같다.

```
def manage_crawl_task(url_list):
  async_result_dict = {url: app.send_task('tasks.crawl_task',
args=(url,), queue='webcrawler_queue',
routing_key='webcrawler_queue') for url in url_list}

  for key, value in async_result_dict.items():
    if value.ready():
      logger.info("%s -> %s" % (key, value.get()))
    else:
      logger.info("The task [%s] is not ready" % value.task_id)
```

이전 함수에서 생성했던 manage_fibo_task처럼 키가 현재 URL이되 값이 객체 (AsyncResult)인 딕셔너리를 이 함수에 전달한다. 그 후에는 태스크 상태와 종료한 태스크에게 받은 결과를 확인한다.

이제 이 함수의 기능을 테스트하기 위해 __main__ 블록에 함수 호출을 넣을 수 있으며, 코드는 다음과 같다.

```
if __main__ == '__main__':
  #manage_sqrt_task(4)
  #manage_fibo_task(input_list)
  manage_crawl_task(url_list)
```

task_dispatcher.py 코드를 실행하는 동안에는 서버단에서 다음과 같은 결과를 얻는다.

서버단의 crawl_task

끝으로, 클라이언트단에서는 다음 스크린샷과 같은 실행 결과를 얻는다.

클라이언트단의 crawl_task

셀러리는 양호한 자원 범위를 제공하는 훌륭한 도구다. 7장을 위해 필요한 기본 자원을 살펴봤다. 그렇지만 더 많이 조사해보고 실제 프로젝트에서 실험해볼 것을 권장한다.

요약

7장에서 셀러리의 분산 태스크 큐를 논의했다. 또한 아키텍처 시각화와 핵심 컴포넌트 분석, 셀러리를 이용한 기본 애플리케이션을 구축하기 위한 환경 설정 방법을 살펴봤다. 이로써 셀러리에 관한 유일한 책을 쓸 수 있었고, 이 주제를 선택하는 과정에서 처음부터 끝까지 공명정대했다.

다음 8장에서 asyncio 모듈을 공부할 뿐만 아니라 동기식 방법으로 과정을 실행하는 방법을 배운다. 동시 실행 루틴coroutine을 간략하게 소개하고, asyncio 와 같이 사용하는 방법을 살펴본다.

8

비동기 프로그래밍

7장에서 셀러리 프레임워크를 이용해 태스크를 분산하고, 네트워크로 연결된 다른 머신에서 계산을 병렬화하는 방법을 배웠다. 이제 파이썬 버전 3.4에서 활용 가능한 asyncio 모듈에 실려 있는 자원인 비동기 프로그래밍, 이벤트 루프event loop, 동시 실행 루틴coroutine을 살펴보자. 또한 실행기를 조합해 사용하는 방법도 알아본다.

8장에서는 다음 주제들을 다룬다.

- 블록킹blocking, 논블록킹nonblocking, 비동기 연산asynchronous operation

- 이벤트 루프 이해

- asyncio 사용

블록킹, 논블록킹, 비동기 연산 이해

서로 다른 태스크 실행 방식을 이해하는 것은 확장 가능한 솔루션을 생각하고 모델링을 하는 데 매우 중요하다. 비동기, 블록킹, 논블록킹 연산을 사용할 줄 알면 시스템의 응답 시간에서 현격한 차이가 나타나도록 만들 수 있다.

블록킹 연산 이해

블록킹 연산의 경우 은행 창구에서 고객을 모셔오는 예를 들 수 있다. 자리에 오도록 고객 번호로 알리면 은행원은 모든 관심을 특정 고객에게 집중한다. 현재 고객이 필요한 것을 처리할 때까지는 은행원은 동시에 다른 고객에게 관심을 주지 않는다. 자, 이런 상황을 염두에 두고, 두 은행원만 있되 매시간 고객 100명이 몰리는 은행 출장소를 상상하자. 그러면 흐름 문제가 존재한다. 이 사례는 태스크가 다른 태스크가 끝날 때까지 기다리는 동안에 자원 접근을 막는 블록킹 처리를 보여준다.

 블록킹 처리에서 고객은 요청이 끝날 때까지 결과를 받을 수 없다.

논블록킹 연산 이해

논블록킹 연산은 비동기 연산과 혼동하기가 쉽다. 하지만 둘은 별개며 정말로 한결같이 잘 작동해 종종 이 방식을 사용한다. 이런 상황을 입증하기 위해 실제 사례를 한 번 더 사용한다. 은행 환경으로 되돌아가자. 창구에 가기를 기다리는 고객이 있다. 한 고객 X가 잔고에서 돈을 인출해야 하는데, 이 순간에는 잔고를 사용할 수 없다. 은행원은 잔고에서 인출이 가능할 때까지 다른 고객이 창구에 오는 것을 막는 대신에, 고객 X에게 다른 때나 다른 날짜에 다시 오도록 간단하게 알려준다.

 논블록킹 연산자도 이 중 하나며, 최소한의 블록킹 신호에서 제어 코드나 예외 상황을 반환해 고객이 나중에 재시도하도록 알려준다.

비동기 연산 이해

은행 출장소 예제로 되돌아가자. 각 은행원에게는 오래 걸리는 작업을 수행하는 10명의 조수가 있다. 지금 출장소에 10명의 조수가 있는 두 은행원이 있다는 점을 고려하자. 고객이 도착했는데 만약 고객 X가 시간 제한이 없는 줄에서 거절될 수도 있는 요청을 갖고 있다면, 백그라운드에서 작업할 수 있도록 조수에게 요청을 보낸 후, 답변을 준비하면 고객 X와 직접 접촉한다. 따라서 자유로운 은행원은 이전 완료를 기다릴 필요 없이 다음 고객의 요청을 처리할 수 있다.

 비동기 연산은 콜백, 동시 실행 루틴, 다른 메커니즘으로 요청이 끝났음을 통지한다.
콜백 함수는 특정 조건이 발생했을 때 호출되는 함수다. 보통 비동기적으로 처리한 결과를 다룰 때 콜백 함수를 사용한다.

이벤트 루프 이해

이벤트 루프^{event loop}의 개념을 이해하려면 내부 구조를 형성하는 요소를 파악할 필요가 있다. 파일 디스크립터와 마찬가지로 소켓 디스크립터로 참조하는 리소스 디스크립터^{resource descriptor} 용어를 사용한다.

폴링 함수

서로 다른 운영체제에서 구현된 폴링 기술은 하나 이상의 리소스 디스크립터의 상태를 모니터링하는 것에 목표에 둔다. 따라서 시스템은 함수를 이용해 폴링 기술을 구현한다. 폴링 함수^{polling function} 형태는 이벤트 루프의 기초다. 폴링 함수가 이벤트 내 관심 있는 하나에 통지하는 사실로 인해 준비상태 통지구조^{readiness notification scheme}로 참조되는 이런 모델을 종종 찾을 수 있다. 리소스 디스크립터는 상호작용을 위한 준비를 하지만, 원하는 작업을 완료하지 못할 수도 있다는 흥미로운 점이 있다.

리눅스에서는 다음과 같은 폴링 함수를 갖는다.

- select(): 포직스 구현부로서 다음과 같은 몇 가지 단점을 보인다.

  - 모니터링되는 리소스 디스크립터 개수에 제한이 있다.

  - 복잡도는 $O(n)$으로 n은 클라이언트에 연결된 개수를 나타내며, 여러 클라이언트가 동시에 들어갈 때 서버를 더 이상 실행 불가능하게 만든다.

- poll(): select()에 대한 응답을 개선하며, 다음과 같은 특징이 있다.

  - 모니터링되는 방대한 리소스 디스크립터를 허용한다.

  - 복잡도는 select()처럼 $O(n)$이다.

- 모니터링되는 이벤트의 많은 다양한 타입을 허용한다.

- `select()`와 비교했을 때 호출 후의 개체 데이터를 재사용한다.

- `epoll()`: 리눅스에서 아주 효과적인 구현부다. 상수 복잡도가 O(1)인 매력적인 기능을 갖는다. `epoll()`은 `epoll_wait()`(http://refspecs.linux-foundation.org/LSB_4.0.0/LSB-Core-generic/LSB-Core-generic/libc-epoll-wait-1.html) 호출을 통해 이벤트를 모니터링하기 위한 두 가지 동작을 제공한다. 두 동작을 정의하기 위해서는, 소켓에 데이터를 쓰는 생산자와 데이터 읽기가 끝날 때까지 기다리는 소비자가 있는 광경을 상상해보자.

  - 레벨 트리거드^{level-triggered}: 소비자가 `epoll_wait()`에 호출하면, 요청된 이벤트에게 읽기 연산(이번 경우)의 실행 가능성(또는 전무)을 나타내는 리소스 디스크립터의 상태를 반환한다. 따라서 레벨 트리거드 동작은 이벤트의 상태와 직접 관련이 있지만, 이벤트 자체와는 무관하다.

  - 에지 트리거드^{edge-triggered}: `epoll_wait()`에 호출하면, 소켓 내 쓰기 이벤트가 끝난 후 데이터를 활용 가능할 때만 반환한다. 따라서 에지 트리거드 동작은 이벤트 자체에서 일어난 것에 초점을 맞추지만 어떠한 이벤트의 실행 가능성은 아니다.

 다른 플랫폼인 경우, BSD와 Mac OS X을 위한 kqueue같이 활용할 수 있는 함수가 있다. 폴링 함수는 단일 스레드로 동시성 방법으로 여러 작업을 관리할 수 있는 애플리케이션을 생성할 때 유용하다. 예로 토네이도(tornado) 웹 서버(http://www.tornadoweb.org/en/stable/overview.html)는 논블록킹 I/O를 사용해 구현됐고, 폴링 함수로서 각각 리눅스와 BSD/Mac OS X을 위한 epoll과 kqueue를 지원한다.

폴링 함수는 단계별로 작동한다.

1. poller 객체를 생성한다.

2. poller에 아예 등록하지 않거나 많은 리소스 디스크립터를 등록할 수 있다.

3. 생성한 poller 객체에서 폴링 함수를 실행한다.

 poller는 폴링 함수 사용에 대한 추상화를 제공하는 인터페이스다.

이벤트 루프 사용

이벤트를 모니터링하는 폴링 함수를 사용하는 느슨한 추상화로 이벤트 루프를 정의할 수 있다. 내부적으로 이벤트 루프는 poller 객체를 사용하며, 태스크 추가, 제거를 제어하고 이벤트 제어를 하는 프로그래머의 책임을 없애준다.

일반적으로 이벤트 루프는 이벤트 발생을 다루는 콜백 함수를 사용한다. 예로 리소스 디스크립터 A가 주어지면, A에서 쓰기 이벤트가 발생했을 때 이를 위한 콜백 함수가 존재한다. 파이썬에서 이벤트 루프를 구현한 몇몇 애플리케이션을 예는 다음과 같다.

- 토네이도 웹 서버(http://www.tornadoweb.org/en/stable/): 환경이 리눅스면 폴링 함수인 epoll을 사용하고, BSD나 Mac OS X인 경우 지원하는 kqueue를 사용하는 강점이 있다.

- 트위스티드twisted(https://twistedmatrix.com/trac/): 파이썬 애플리케이션의 인기 있는 프레임워크이고, 이벤트 루프의 구현부를 제공한다.

- asyncio(https://docs.python.org/3.4/library/asyncio.html): 귀도 반 로썸

이 만들었으며, 무엇보다도 이벤트 루프의 구현부를 제공한다. 파이썬 3.4에 있는 기능이다.

- 게벤트(http://www.gevent.org/): libev에 기반을 둔 이벤트 루프를 제공한다.

- 이벤트렛(https://pypi.python.org/pypi/eventlet): libevent에 기반을 둔 이벤트 루프를 제공한다.

asyncio 사용

asyncio는 파이썬에서 비동기 프로그래밍으로 변모시킨 모듈로 정의할 수 있다. asyncio 모듈은 다음 요소와 조합해 사용함으로써 비동기 프로그래밍 구현을 허용한다.

- 이벤트 루프: 이전 절에서 이미 정의했다. asyncio 모듈은 프로세스마다 이벤트 루프를 허용한다.

- 동시 실행 루틴: aysncio의 공식 문서에 언급했듯이, "동시 실행 루틴은 특정 규칙을 따르는 생성기다." 가장 흥미로운 기능은 외부 처리를 기다리기 위해 실행을 중단한 후(I/O 내 몇몇 루틴), 외부 처리가 끝나면 중단한 지점으로 복귀한다는 점이다.

- Future: aysncio 모듈은 자신만의 객체인 Future를 정의한다. Future는 아직까지 완료하지 않은 처리를 나타낸다.

- Task: asyncio.Feature의 서브클래스로서 동시 실행 루틴을 관리하고 캡슐화한다.

이런 메커니즘 아래에서, asyncio는 TCP, SSL, UDP, 파이프, 기타를 이용한 채널 기반 통신을 허용하는 전송과 프로토콜 같은 애플리케이션 개발을 위한 다른 일련의 기능을 제공한다. asyncio에 대한 더 많은 정보는 https://docs.python.org/3.4/library/asyncio.html에서 찾아볼 수 있다.

동시 실행 루틴과 asyncio.Future 이해

asyncio에서 동시 실행 루틴을 정의할 수 있도록 @asyncio.coroutine 데코레이터를 사용하고, I/O 연산이나 동시 실행 루틴을 실행할 곳인 이벤트 루프를 블록할 수 있는 다른 컴퓨팅을 실행하기 위해 동시 실행을 중단하는 yeild from 문을 반드시 사용한다. 그런데 중단과 재개의 메커니즘이 어떻게 작동하는가? 동시 실행 루틴은 asyncio.Future 객체와 함께 작동한다. 다음과 같이 이 동작을 요약할 수 있다.

- 동시 실행 루틴을 초기화한 후, 내부적으로 asyncio.Future 객체는 인스턴스화되거나 동시 실행 루틴에 인자로 전달한다.

- yield from을 사용한 곳인 동시 실행 루틴 지점에 도달하면, 불러 일으킨 컴퓨팅을 yield from에서 기다리기 위해 중단한다. yield from 인스턴스는 yield from <coroutine나 asyncio.Future, asyncio.Task> 생성을 기다린다.

- yield from에서 불러일으킨 컴퓨팅이 끝나면, 동시 실행 루틴과 관계된 asyncio.Future 객체의 set_result(<result>) 메소드를 동시 실행 루틴이 실행한다. 이벤트 루프에게 알려 동시 실행 루틴을 재개한다.

 동시 실행 루틴을 캡슐화하기 위해 asyncio.Task 객체를 사용한다면, asyncio.Future 객체를 명시적으로 사용할 필요가 없다. 이유는 asyncio.Task 객체는 이미 asyncio.Future 의 서브클래스이기 때문이다.

동시 실행 루틴과 asyncio.Future 사용

동시 실행 루틴과 asyncio.Future 객체를 사용한 몇몇 예제 코드를 검증해보자.

```
import asyncio

@asyncio.coroutine
  def sleep_coroutine(f):
    yield from asyncio.sleep(2)
    f.set_result("Done!")
```

앞 덩어리에서, asyncio.Future를 인자로 받는 동시 실행 루틴의 이름을 sleep_coroutine로 정의했다. 이 순서에서 2초를 휴지하는 asyncio.sleep(2)를 실행하기 위해 동시 실행 루틴을 중단한다. asyncio.sleep 함수가 asyncio와 이미 호환성이 있음을 반드시 눈여겨봐야 한다. 그러므로 인자로 넘긴 asyncio.Future 객체인 f를 반환한다. 하지만 교육적인 목적을 위해 동시 실행 루틴에서 명시적으로 asyncio.Future.set_result(<result>)를 통해 재개를 수행할 수 있는 방법을 보여주려고 aysncio.Future 객체를 인자로 전달한 것을 포함했다.

결국 asyncio.Future 객체를 생성했던 곳인 메인 블록과 loop = asyncio.get_event_loop() 라인에서 동시 실행 루틴을 실행하기 위해 asyncio로부터 이벤트 루프를 생성했다.

```
if __name__ == '__main__':
  future = asyncio.Future()
  loop = asyncio.get_event_loop()
  loop.run_until_complete(sleep_coroutine(future))
```

이벤트 루프가 실행 중이면 태스크와 동시 실행 루틴만 실행한다.

마지막 줄에서 `loop.run_until_complete(sleep_coroutine(future))`은 동시 실행 루틴이 자체 실행을 완료할 때까지 작동하도록 이벤트 루프에게 요청한다. `BaseEventLoop` 클래스가 제공하는 `BaseEventLoop.run_until_complete` 메소드를 통해 완료한다.

asysnc에서 동시 실행 루틴을 재개하는 마법은 asyncio.Future 객체의 set_result 메소드 안에 있다. 재개되는 모든 동시 실행 루틴은 set_result 메소드를 실행하는 asyncio.Future를 기다려야 한다. 따라서 asyncio의 이벤트 루프는 컴퓨팅이 끝났음을 알고 있으므로 동시 실행 루틴을 재개할 수 있다.

asyncio.Task 사용

전에 언급했듯이, `asyncio.Task` 클래스는 `asyncio.Future`의 서브클래스고, 동시 실행 루틴 관리에 목표를 둔다. `asyncio.Task`의 객체가 하나 이상 생성돼 있고, asyncio의 이벤트 루프에서 실행하기 위해 디스패치한 곳이자 이름이 `asyncio_task_sample.py`인 예제 코드를 확인해보자.

```python
import asyncio

@asyncio.coroutine
def sleep_coro(name, seconds=1):
    print("[%s] coroutine will sleep for %d second(s)…"
        % (name, seconds))
    yield yfrom asyncio.sleep(seconds)
```

```
print("[%s] done!" % name)
```

sleep_coro라고 부르는 동시 실행 루틴은 두 인자인 name과 seconds를 받는다. name은 동시 실행 루틴의 식별자인 함수가 되고, 동시 실행 루틴을 얼마나 많은 초로 중단할지를 나타내는 seconds는 기본 값이 1이다.

메인 블록으로 이동해 보자. 10초간 휴지하는 Task-A와 각 1초간 휴지하는 Task-B, Task-C로 명명된 asyncio.Task의 세 가지 객체 타입을 포함한 목록을 정의했다. 다음 코드를 보자.

```
if __name__ == '__main__':
    tasks = [asyncio.Task(sleep_coro('Task-A', 10)),
            asyncio.Task(sleep_coro('Task-B')),
            asyncio.Task(sleep_coro('Task-C'))]
    loop.run_until_complete(asyncio.gather(*tasks))
```

메인 블록에서 여전히 BaseEventLoop.run_until_complete 함수를 사용하는 이벤트 루프를 정의한다. 그렇지만 동시 실행 루틴 하나만 받는다. 하지만 인자로 받은 동시 실행 루틴이나 Future 객체 목록의 결과를 붙인 새로운 Future 객체를 반환하는 asyncio.gather(https://docs.python.org/3.4/library/asyncio-task.html#task-functions에 상세한 정보가 있음)을 호출한다. asyncio_task_sample.py 프로그램의 결과는 다음 그림과 같다.

```
yipman@foshan:~/Documents/packpub_chapter08_codes$ python3.4 asyncio_task_sample.py
[Task-A] coroutine will sleep for 10 second(s)...
[Task-B] coroutine will sleep for 1 second(s)...
[Task-C] coroutine will sleep for 1 second(s)...
[Task-B] done!
[Task-C] done!
[Task-A] done!
yipman@foshan:~/Documents/packpub_chapter08_codes$ █
```

asyncio_task_sample.py 결과

프로그램 결과는 선언한 순서대로 태스크를 수행했음을 보여줌에 주목할 수 있다. 하지만 어떠한 태스크도 이벤트 루프를 블록할 수 없다. 먼저 디스패치 하는 Task-A가 10번 휴지하기 전에 Task-B와 Task-C가 덜 휴지한다는 사실에 기인한다. Task-A가 이벤트 루프를 블록하는 장면은 큰 재앙이다.

호환성이 없는 라이브러리를 asyncio와 함께 사용하기

파이썬 커뮤니티 내부에서 asyncio 모듈은 여전히 최신이다. 몇몇 라이브러리는 아직까지 전체적으로 호환되지 않는다. 이전 절의 예제인 asyncio_task_sample.py를 리팩토링을 하기 위해 asyncio.sleep 함수를 time 모듈의 Future 객체를 반환하지 않는 time.sleep 함수로 변경한 후, 동작을 확인해보자. yield from asyncio.sleep(seconds) 줄을 yield from time.sleep(seconds)로 변경한다. 새로운 휴지 함수를 사용하기 위한 time 모듈을 반드시 임포트해야 한다. 예제를 실행하면, 다음 스크린샷과 같이 결과 내 새로운 동작에 주목하자.

```
yipman@foshan:~/Documents/packpub_chapter08_codes$ python3.4 asyncio_task_sample.py
[Task-A] coroutine will sleep for 10 second(s)...
[Task-B] coroutine will sleep for 1 second(s)...
[Task-C] coroutine will sleep for 1 second(s)...
Traceback (most recent call last):
  File "asyncio_task_sample.py", line 19, in <module>
    loop.run_until_complete(asyncio.gather(*tasks))
  File "/usr/lib/python3.4/asyncio/base_events.py", line 208, in run_until_complete
    return future.result()
  File "/usr/lib/python3.4/asyncio/futures.py", line 243, in result
    raise self._exception
  File "/usr/lib/python3.4/asyncio/tasks.py", line 302, in _step
    result = next(coro)
  File "asyncio_task_sample.py", line 9, in sleep_coro
    yield from time.sleep(sleep_seconds)
TypeError: 'NoneType' object is not iterable
yipman@foshan:~/Documents/packpub_chapter08_codes$ 
```

time_sleep를 이용한 aysncio_task_sample.py 결과

동시 실행 루틴을 정상적으로 초기화했지만, 동시 실행 루틴 또는 asyncio. Future를 기다리는 yield from 문에서 오류가 발생하고, 끝부분의 time. sleep은 어떠한 것도 생성하지 않는다. 자, 이런 경우에서는 어떻게 진행해야 할까? 답은 쉽다. aysncio.Future 객체가 필요하다. 그러면 예제를 리팩토링 한다.

먼저 sleep_coro 루틴에 있는 yield_from에 반환하는 asyncio.Future 객체 를 생성하는 함수를 만든다. sleep_func 함수는 다음과 같다.

```python
def sleep_func(seconds):
    f = asyncio.Future()
    time.sleep(seconds)
    f.set_result("Future done!")
    return f
```

sleep_func 함수의 끝 부분에서, 컴퓨팅이 실질적인 결과를 생성하지 않은 것이 원인인 만큼 Future 객체인 f에 더미 결과를 배치하는 f.set_result("Future done!")를 실행했음을 주목하자. 오직 sleep 함수만 있다. 그다음에는 asyncio.Future를 반환하므로, yield from이 sleep_coro 동시 실행 루틴을 재개함을 예상한다. 다음 스크린샷은 수정한 asyncio_task_sample.py 프로그램의 결과를 보여준다.

```
yipman@foshan:~/Documents/packpub_chapter08_codes$ python3.4 asyncio_task_sample.py
[Task-A] coroutine will sleep for 10 second(s)...
[Task-A] done!
[Task-B] coroutine will sleep for 1 second(s)...
[Task-B] done!
[Task-C] coroutine will sleep for 1 second(s)...
[Task-C] done!
yipman@foshan:~/Documents/packpub_chapter08_codes$
```

time_sleep를 이용한 aysncio_task_sample.py 결과

지금 아무런 오류 없이 디스패치된 모든 태스크를 실행한다. 그러나 잠깐! 보여준 스크린샷의 결과에 뭔가 잘못됐다. 실행 순서에 뭔가 꼬였음을 주목하자. 1초만 휴지하는 두 일련 태스크를 시작하기 전에 10초간 휴지하는 Task-A가 끝났다. 즉 태스크가 이벤트 루프를 블록했다. 이것은 asyncio로 비동기적으로 작업하지 않는 라이브러리나 모듈을 사용한 결과다.

이 문제를 해결하는 방법은 블록한 태스크를 ThreadPoolExecutor(I/O 바운드 중일 때도 잘 작동함을 기억하라. CPU-바운드라면 ProcessPoolExecutor를 사용한다)에 위임하는 것이다. 우리를 편하게 해주기 위해 asyncio는 매우 간단한 방법으로 이런 메커니즘을 지원한다. 이벤트 루프를 블록하지 않는 태스크 실행을 제공하기 위해 asyncio_task_sample.py를 다시 리팩토링해보자.

먼저 더 이상 필요 없는 sleep_func 함수를 제거한다. BaseEventLoop.run_in_executor 메소드로 time.sleep 호출을 수행한다. 그러면 다음 방식으로 sleep_coro 동시 실행 루틴을 리팩토링해보자.

```
@asyncio.coroutine
def sleep_coro(name, loop, seconds=1):
    future = loop.run_in_executor(None, time.sleep, seconds)
    print("[%s] coroutine will sleep for %d second(s)…" %
        (name, seconds))
    yield from future
    print("[%s] done!" % name)
```

동시 실행 루틴이 실행 결과와 동일하게 대응할 때 ThreadPoolExecutor를 사용하기 위해 메인 블록에서 생성했던 이벤트 루프가 되는 새로운 인자를 받음을 눈여겨보자.

이어서 다음 줄을 보자.

```
future = loop.run_in_executor(None, time.sleep, seconds)
```

앞 줄에서 BaseEventLoop.run_in_executor 함수를 만들었다. 첫 번째 인자는
실행기(https://docs.python.org/3.4/library/concurrent.futures.html#concurrent.
futures.Executor)다. None을 전달하면, ThreadPoolExecutor를 기본으로 사용
한다. 두 번째 인자는 콜백 함수다. 이번 경우 완료해야 하는 컴퓨팅을 나타내
는 time.sleep 함수이므로, 결국 콜백 인자를 전달할 수 있다.

BaseEventLoop.run_in_executor 메소드가 asyncio.Future 객체를 반환함을
주목하라. 다만 반환한 Feature 객체를 전달하는 yield from을 호출하기엔
충분하며, 동시 실행 루틴은 준비 상태다.

기억하라. 이벤트 루프를 sleep_coro에 전달하도록 프로그램의 메인 블록을
변경해야 한다.

```
if __name__ == '__main__':
  loop = asyncio.get_event_loop()

  tasks = [asyncio.Task(sleep_coro('Task-A', loop, 10)),
           asyncio.Task(sleep_coro('Task-B', loop)),
           asyncio.Task(sleep_coro('Task-C', loop))]

  loop.run_until_complete(asyncio.gather(*tasks))
  loop.close()
```

리팩토링 후의 코드 실행 결과를 다음 스크린샷에서 보자.

```
yipman@foshan:~/Documents/packpub_chapter08_codes$ python3.4 asyncio_task_sample.py
[Task-A] coroutine will sleep for 10 second(s)...
[Task-B] coroutine will sleep for 1 second(s)...
[Task-C] coroutine will sleep for 1 second(s)...
[Task-B] done!
[Task-C] done!
[Task-A] done!
yipman@foshan:~/Documents/packpub_chapter08_codes$
```

끝났다! 결과는 똑같으며 time.sleep 함수 실행으로 이벤트 루프를 블록하지 않는다.

요약

8장에서는 비동기, 블록킹, 논블록킹 프로그래밍에 관해 배웠다. 몇 가지 상황에서 메커니즘 동작의 핵심을 보기 위해 몇몇 기본 메커니즘을 사용했다.

asyncio 모듈은 파이썬에서 비동기 프로그래밍을 지원하기 위한 일환의 시도다. 귀도 반 로썸은 명확한 API를 제공하는 대신에 대안을 찾아보면서 기본으로 사용할 수 있는 무언가를 생각하는 과정에서 굉장한 성공을 거뒀다.

yield from 문은 동시 실행 루틴을 사용하는 몇몇 프로그램의 능력을 개선하는 과정에서 탄생했다. 콜백을 사용할 가능성이 있겠지만, 이벤트의 종료를 다루는 콜백을 작성하는 개발자의 부담을 덜었다. 다른 장점 이상으로 asyncio 모듈은 asyncio로 이벤트 루프 분개를 지원하는 토네이도 웹 서버처럼 다른 애플리케이션과 통합하는 능력이 있다.

드디어 이 책의 마지막에 도달했다. 이 책 내용이 당신에게 유용할 수 있기를 바란다. IPython, mpi4py, 그린렛Greenlet, 이벤트렛 같은 몇 가지 도구는 제외했다.

이 책에서 제공한 내용에 기반을 두되 다른 도구와 비교하기 위해 각 장에 제시했던 예제를 갖고 자신만의 분석과 실험을 수행할 수 있다. 대부분의 장에 걸쳐 사용된 두 주요 사례는 해결책의 핵심을 변경하지 않은 채 문제를 해결하기 위해 사용되는 도구를 쉽게 변경할 수 있음을 설명하기 위해 의도했던 것이다.

글로벌 인터프리터 락^{GIL}을 약간 배웠으며 GIL의 부작용을 넘기는 차선책도 배웠다. 주요 파이썬 구현부(CPython)가 GIL과 관련된 질문을 해결하지 못했지만 훗날에 공개될 것이라고 믿는다. GIL은 어렵고, 파이썬 커뮤니티에서도 계속 언급되는 주제다. 다른 한편으로는 JIT과 함께 다른 성능 개선을 가져온 파이파이^{PyPy}가 있다. 현재 파이파이 팀은 GIL을 제거할 목적으로 파이파이에 소프트웨어 트랜잭셔널 메모리$^{Software\ Transactional\ Memory,\ STM}$를 넣어 실험적인 사용에 공을 들이고 있다.

찾아보기

에이콘출판의 기틀을 마련하신 故 정완재 선생님 (1935-2004)

파이썬 병렬 프로그래밍

threading, multiprocessing, PP, Celery, asyncio 모듈 이해와 활용

인 쇄 | 2016년 10월 27일
발 행 | 2016년 11월 4일

지은이 | 얀 팔라흐
옮긴이 | 이 문 호

펴낸이 | 권 성 준
편집장 | 황 영 주
편 집 | 나 수 지
디자인 | 이 승 미

에이콘출판주식회사
서울특별시 양천구 국회대로 287 (목동 802-7) 2층 (07967)
전화 02-2653-7600, 팩스 02-2653-0433
www.acornpub.co.kr / editor@acornpub.co.kr

한국어판 © 에이콘출판주식회사, 2016, Printed in Korea.
ISBN 978-89-6077-920-4
ISBN 978-89-6077-210-6 (세트)
http://www.acornpub.co.kr/book/parallel-python

이 도서의 국립중앙도서관 출판시도서목록(CIP)은 서지정보유통지원시스템 홈페이지(http://seoji.nl.go.kr)와
국가자료공동목록시스템(http://www.nl.go.kr/kolisnet)에서 이용하실 수 있습니다.(CIP제어번호: CIP2016024936)

책값은 뒤표지에 있습니다.